外省流浪漢的內省

三番

the wanderer's reflections

san fan

外省流浪漢的內省 (The Wanderer's Reflections)

ISBN-13: 978-0-9835058-3-9

1. Philosophy. 2. Mind and body. 3. Mental health. 4. Asia. 5. Religion. 6. Christianity. I. San Fan. II. Title.

987654321 Printed in the United States of America

內容

外省流浪漢在世界諸多危機下的內省

小時候隨父母飄洋過海來到這彈丸小國,就開始了不一樣的生活。

在出生的臺灣,回憶的就是只有喜悅和自由。在那樣的家裡,吃穿不愁。儘管出生的時候幾乎就馬上去見主了,但爺爺奶奶的執著和威嚴,把醫院院長都叫來,而院長老人家就聽從吩咐,把我從死亡的邊緣救回來。

雖然媽媽那時一切大小事都怕我受傷或死掉,但其實我能活過來是天命,也決定了我有頑強的生命力,不是那麼容易打到的。也奇怪,因為自閉吧,就會在不同情況下遇到難題,但我會自己處理和解決,儘管不容易或揪心。

甚至有過經歷一段幾乎逼我在心靈上走向絕路的事件,但最後,老天憐憫我,那群小人都在法律嚴正下最後都定罪入獄。而我,也從精通咒經幾乎出家的藏密佛教徒,認識了基督教,走入神學院然後滿滿擁抱了東正教。

在這小地方,我經歷了很多不一樣的學習,也讓我在課外發揮了我藝術和科學的興趣,最後有機會做了研究和發表。但是,儘管這裡有我一大半的經歷,但是,心裡從來沒忘記在老遠的臺北。

所以，我會是永遠的外省流浪漢，至少心裡是。這本小冊子，是我在疫情經歷的日常，也有一些內省，探討大小事。完全是個人經歷，所以還是那句話，我經歷的，不一定是你經歷過的，也只有當事人的我最有話語權。

三番敬啟

文人，文稀

文學創作和內涵的連接，並不是啃書就能成功的，而是細心琢磨，經過歲月的痕跡，慢慢領悟出來的。急不來。也不是每個人都肯用心下功夫。所以，文人雅士，少有。

冷漠，向前

有時候，某人對你漸漸地冷淡，冷漠，不是因為你沒做好。往往我們已經盡力了，可是別人並沒有真正地把我們誠實的放在心裡，而是表面虛假的敷衍我們而已。但，無妨，看清了，輕鬆了，就跨步向前吧。

回收手機號碼的故事

在我們兩間辦公室裡，牆壁排滿了淡色木系的櫥櫃，每個人的辦公桌也是同樣材料，都是量身訂做。地板是再簡單不過的乙烯基地磚。這些都是王老闆幫我們做的，又耐用又實惠。畢竟，我們這間小公司就是一步一腳印穩紮穩打地走過二十多年。平凡也有平凡的美。

前幾天，王老闆WhatsApp的大頭照從以往的沒照片，換成了一對陌生母女的照片。我好納悶，就馬上打給了我的二弟。

他說王老闆前年就百病纏身，最後通話就覺得他可能不太行了。二弟說王老闆應該是過世了，因為那對母女不是王老闆的親人。二弟說，應該是王老闆過世後，電話被取消了，就變回收號碼了。

在這動盪不安的年頭，好多事都難以預料。我爺爺奶奶經歷了兩次戰爭，過後也各自在學界和政治界打拼了一輩子，都享年過百。他兩老留下的是讓我敬佩的種種溫暖和智慧。然而，也有像王老闆一樣一輩子辛苦了的煎熬，走得也辛苦。也讓我想起了我的媽媽，也是一輩子煎熬奮鬥，最後走得好辛苦。但，只能說這是一種解脫。

今天，明天

心情低落的時候，吃點小點心吧。明天就留給明天吧。

適應？

從一個溫馨舒適的祖國，被硬扯到一個把我全家弄得雞犬不寧的小丁點地。我可以適應，但到頭來，我不認為值得，也只能說是學習了。學習了，也就可以準備收拾一切和心情回家了。

默默觀察

在人生的道路上，我們會遇到好多人。有些會熱情豪邁地付出。有些過客會苛刻地保留，或許他們也受盡苦難而把最好的一面收了起來。我們也不能怎樣：只能默默地觀察而已。

簡單的思念

活了一大半年紀，好多奢侈的東西其實都不會有太多印象和渴望。

倒是生活中簡單的東西，好比家鄉的牛肉面，蔥油餅，和餃子，會讓我好嚮往懷念。這疫情產生的瘋狂世界也加深了該走了的心思。

夢不是累贅

每個人都有夢想。在疫情籠罩下，或許我們需要把夢想暫時放下。

夢想不是累贅，而是啟發。等時機成熟，我們會加快腳步，繼續尋夢。在這動亂時代，祝每個人身體健康，萬事祥和。

一零一零二零二零

10102020，是蠻特別的。它短暫的記錄了一天我離別好久的祖國，這我敬愛的爺爺奶奶永遠的歇腳地，這我媽媽揪著該不該回去卻也永遠回不去的家。

臺灣，生日快樂，祝妳永遠平安幸福。想您們，爺爺奶奶媽媽。也在同一日國際精神健康日，祝每個人都能繼續努力，保持安康，儘管很多地方都以疫情理由迫壓。願主保佑你們。

藝術的傷痕

風風雨雨，歷經滄桑，酸甜苦辣，在身上畫上種種像藝術的傷痕，在骨子裡種種摔傷骨裂後的修復。這一切，已經不是傷痕了，而是家。

壯士腳下的風水

風水不是定論。風水是會輪流轉的。往往人自認會成功，就已經慢慢不知不覺走向沒落了。這就是傲慢的後果。反觀有些別人以為不起眼的人，在默默耕耘，按部就班，忍辱負重，排除萬難的踏實腳步下，就不知不覺走出了自己的一塊小天地。成功不是賭骰子，不是投機取巧，而是趟只有勇士敢走的千里路。

大小世界的兩端

晝夜，明暗，澈濁，善惡，這宇宙的一切就處在極性兩端。往往人就徘徊在這一切極性存在的小世界，而忽視了這能見能感的小世界外的大世界，那永無止境和主同在的地方。這大世界不只是宇宙，更包括了我們心深處的靈魂世界。這世界在感官外也包括了宇宙，只是我們大多數人還無法像聖賢能感同身受。(Col 1:16).

媽，永息

媽，您辛苦了一輩子，主給您在去年底卸下心頭的重擔，休息了。非常慶幸主選擇了2019賜您永息，而不是在疫情下的窘境。

今天，我們在船上，默默為您祈禱。聽到了海浪和引擎的衝擊，反映您在深綠的大海底永息。在未來，我們會再見。20191102 / 20201102

光明的本性

當一切感覺灰色時，不要氣餒。

藍天白雲永遠蓋附在綠地上。光明屬於大地，但更屬於藍天。

小螺絲的忙碌

忙，也只有自己辛苦，自己曉得。

忙，並不是一定是好事，也可能只是像某機器裡的小螺絲罷了。

讀書的幸福

在疫情的影響下，有些人就一窩蜂地學這學那，追著政府或市場所推銷的行業或門路。往往，很多人學了這些好比惡補的短期課程，才發覺很多人都學過這些，從而形成滿街都是膚淺半桶水的皮毛，而不受承認或受僱。失望，也是理所當然的。

俗話說，台上一分鐘，台下十年功。沒有惡補就可以幫你一步登天的。要認真學習，就要花功夫，時間，耐心，和謙虛。

讀完兩個博士後，反而覺得我知道的好少。所以，想在事業慢步下來的這時，考慮或許進修下一個博士學位，看能不能延續生化學的研究。

讀書，是幸福的。

窘境的生機

找到我生化研究的資料了。最近疫情間，很多
人都開始找出路，看下一步該如何走。讀了電
腦相關的博士，估計雖然有用，但這行業競爭
太激烈，越老越感吃力。第二博士是神學，讀
了是因為幫人義務做些精神輔導，僅此。但我
從小就比較愛好純科學，但經濟不允許，而藝
術也不受父母許可。

但，現在疫情讓我們注重自己多一點，所以，
翻箱倒櫃了，終於找到陳舊的老研究，看看如
何再啟動，再研究。反正沒差。

小市民的渴望

2019年時，雖然世界動動盪盪蠻多的，不過小市民並不被影響。每個人像以往一般地工作，忙碌，偷閒，旅遊，團聚。

不過，就在2020年初，一切都改變了。小市民直接被封城，戒嚴，等等麻煩，甚至殃及工作和生意的延續，而被直接影響。除了少數比較開放的地方，幾乎到處都能封則封，能關就關，能罰就罰。漸漸，到處，小市民就感受沒錢，沒工，沒團聚，沒希望的日子。除了祈禱，小市民真的沒轍了，只能像乞丐般的過活。有權有財的，當然，很難理解或憐憫小市民的苦，甚至認為小市民都應該轉行。能嗎？心裡有數。

所以，在2021年，人人都應該多祈禱，因為小市民不可能指望大人物會搭救，沒踩一腳就算幸運了。

沒有捷徑

每件事都需要時間。

世界上沒有捷徑。就像廁所地板瓷磚縫隙的灌漿，如何一條一條填補一樣。耐心，堅持，和祈禱，才是成功之道。

對，我經歷的一切，都是我自己一步一腳印做到的。

大小的矛盾

時代的變遷，在所難免。龐大並不肯定能存活，小也有小的敏捷和頑強的鬥志。

幸福就在彈指間

什麼是幸福？這幾個星期就像緊繃的彈簧，隨時待命，分分秒秒解決他人的難題。等腳步慢下來時，往往就只能橫躺了，默默無聲地祈禱，求個順利的延續。

但，在艱難和忙碌中，也不經心地忘了簡單樸素的幸福，其實就在彈指間。

人日快樂

上帝用六天造世界，在第七天祂看了祂創造的世界，一切完美。華人在正月初七也慶祝人日，所以"七"也是個奇妙的數字。

祝大家人日安康快樂。

留，離

留，離，永遠不是容易的抉擇。在同一個地方
呆久了，往往有惰性，一切事都輕而易舉的完
成。反觀要選擇去另一個地方，一切生疏，從
頭做起，如果沒一定的決心，是不會起步的。
不過，衡量了一切，就會理智地收拾行李，就
會走出去這小框框了。世上哪有簡單登峰的
事。就勇敢跨前。

晝夜顛倒

晝。夜。顛倒。其實，習慣了就好。在夜深人
靜的時候，只有三兩個人的空間，頭腦可以沉
澱，可以反省，可以祈禱。在一周忙碌的奔波
後，這其實反而像是一種獎勵。

出生地

在這不大不小的世界繞了幾圈後，在將近200個
國家裡，還是覺得我的出生地最好，最溫馨，
最樸實，最接地氣。

假象

動盪，通常不是城市居民在經濟蕭條時感受的，而是在戰亂地帶。這種因戰爭而產生的不安，會造成人民人心惶惶，也往往觸發某些人心深處的黑洞。

這也是為什麼在戰亂時期，犯罪率會直線攀升，而更惡性的循環會繼續導致更多不安，恐懼，等等。

反觀現今社會，實際上只有因外在因素導致小數地帶還在搏鬥。大多數地方其實並沒有戰爭。所以這社會不安從哪裡來呢？這不安又是因為什麼呢？

簡單地說，就是一種過度膝關節反應而導致的。雖說政治是黑暗的，因為權力的背後往往邁向黑暗，這是人類靈魂的劣根性，無法改變。權利越大，或獨裁，誘惑越大，最終走向自我靈魂毀滅。從人類歷史古今如此。

而現代資訊分秒就可以藉網路和各種軟件傳達全球，"黑"，"白"，都如此。現在漸漸地，人也喚醒了本有的智慧，慢慢看清"黑"和"白"，而不是盲從。畢竟，人類內心有個指南針，不是能夠長久被無理玩弄。

這個指南針，對各信仰和哲學都有各自的代名詞，好比聖靈，佛性，道，等等。每個人，縱然各自心懷正邪，都存有這指南針，只是看各人所向而已。也因這指南針，人可以看清，看透，看破。

這種種人為的假象，你，看清，透，破，了嗎？那，你認為人的下一步，和前方的路，該怎麼走呢？相信人人心中的指南針，早也應該有方向了吧。祝各位安康。

釀制醬油

你肯花7美金買一小瓶日本醬油嗎？

看了老家臺灣的一個節目，講傳統釀制醬油和便宜化學醬油的差別。有些"醬油"可以很便宜，多數商業用途。但也有超便宜流傳市場的便宜醬油。

所謂釀制，需要簡單豆類材料，需要時間。釀制醬油透徹，香味淡香，味道細膩。

化學"醬油"就可以幾分鐘就"調配"好。我是生物化學背景，這些伎倆我知道它蹊蹺。你一吃，就可以吃到一種難形容的化學味，尤其你把傳統釀制加油做比較。

如何使用傳統釀制醬油？蒸豆腐，原本味道淡的蔬菜，和很新鮮的蒸魚。這種醬油不能加別的調味妃比辣椒，姜，等等，因為會抑制醬油的淡香和味。

時間的觀念

這是我小小的個人觀察，實際上各方沒有對錯，只是處理人和事的觀點和實踐不同罷了。

在北方的朋友們，有來自中國，韓國，日本，和臺灣。

中國和韓國的親友，好像比較有"緊急感"，凡事比較注重"快"。他們比較會問好比，"為什麼還沒有..."或"今天沒有..."之類的方向問題。

臺灣和日本的親友，好像比較有"時機感"，凡事比較注重"準"。他們比較會問好比，"什麼時候比較..."或"如果明年會怎樣..."之類的方向問題。

你呢，有注意到嗎？你會比較有"時機感" 還是"緊急感"呢？

冷。觀。

冷颼颼，濕淋淋的一天。

里外都冷，可能心更冷。

世界無常是平常。

人性愚昧萬里常。

權勢貪婪更尋常。

遠近時事皆反常。

故鄉愁，無奈城牆難攀。

遠方闊，無奈情愁難舍。

覺。醒。閉。開。

說說在這渾濁世界裡，我小小領悟的四字，覺，醒，閉，開。

在大環境裡浮沉，人往往都被勢力群主宰。正所謂，人在江湖，身不由己。所以，在溫室裡"五根清靜"的小群，往往因不食人間煙火，而屢屢做出笨拙愚昧的政策和措施，而直接影響了廣大的老百姓。對，我用"五根清靜"，而非佛家的六根清淨，因為要"意"清靜，只有入世得道的高人了，而非泛泛之輩。

"覺" - 六根，就是五根(眼，鼻，耳，口，身)，加"意"。而這五根，也就是五覺。覺，可以給我們五花八門的訊息。

"醒" - 就在五覺昇華時，我們就找到了從"意"演變來的"醒"。醒，不一定是海枯石爛般的長年修行，也有少數人可以一點即悟的。靠的是善心，天份和智慧。

"閉" - 在嘈雜大環境，五覺會吸收過多的訊息。所以，才會有"閉目養神"的方法，來馴服我們的五覺，來探索"心"。

"開" - 我們人啊，往往只有在平靜安詳的世界裡，慢慢醞釀，才能把心深處的靈魂釋放，而

找到幸福，和平，慈悲，和開心。因為，
"心"，打開了。封閉的心，是不可能理解，消
化，和找到開竅的。

各位找到了"醒"，和"開"了嗎？

事情的平行處理

在陰暗的夜空裡，兩個人的小機艙裡，除了專業上的開口外，其實兩個人交流的時間，可以言語，和無語中，都可以交流，尤其是熟悉的夥伴。有時，夜空裡，平靜地，自己腦子裡不是空洞洞的無聊，而是一種近於心靈相通和幾乎似禪的交替中，可以把事情一一完成直到終點，但也可以保留自己默默思維。

我覺得是蠻奇妙的。人並不能真正地多任務處理，而是一點一滴的每件事平行處理，直到完成。這需要累積經驗和知識，不是隨便就可以應付。

民歌餐廳的起落

自古以來，音樂和藝術都是喚醒和啟發民眾生命的泉源。如果世界沒有了像莫扎特到麥克傑克遜，米開朗基羅到康斯坦丁·馬科夫斯基這等音樂和藝術的巨人，這是多麼貧乏的世界啊，對嗎？民歌也是新加坡和臺灣一時的溫柔呵護，讓許多前輩和後起之秀都在民歌餐廳駐唱過。現在這些餐廳都陸續停業了。

打掃

打掃家不是容易的事，尤其是我們不是每天勤
做的事情。況且是忙完工作，垮垮地回家後再
打掃，那就有點要用毅力來完成了。吸塵，抹
地，打蠟，洗廁所，等等，做完後滿身大汗，
就需要及時"補補"了。通常就是一大杯礦物鹽
水和偶爾一瓶類似這韓國紅參補劑。然後就癱
瘓在地板上看點電視休息一下。

錢的奧秘

很多人，老想錢。不是錢不好。錢有用途。可
是，當一個人只認錢，不認人的時候，這個人
就已經失去做人的本性，也遺憾失去做人的樂
趣。何苦呢？

我告訴你一個小秘密。錢，就像水。妳能用手
抓住水嗎？不行，對嗎？但，如果有一條河，
或大海。你走向水，和水融在一起。你，帶不
走水。佀，水能容納你。希望你理解錢的奧
秘。這也是為什麼有錢人會有錢，而老想錢的
窮人，永遠窮。

生跟死的區別

硬朗朗的石頭，看似強，但就死板板地躺在那，永遠不能影響他人，也永遠呆在原地。

翠綠的草，不起眼，但韌性和生命力強，能覆蓋大地，給他人營養。

這，就是生與死的區別。

家

我很慶幸我把國語牢牢地鎖在內心最沉穩的地方，因為那是我跟家最親密的蜜鏈。在我搬來這東亞小島，在每個小孩都不把母語當一回事的時候，我卻在和媽媽一起的時候，每分每刻都用國語交心。當每個小孩都只用英語的時候，我不忘了我媽媽只懂國語，而開心的和她一起，用我們共同的，也和這塞外番地土生華人所聽不懂的國語，就像我媽和我一種好私密的暗語一樣。

雖然媽媽在2019得病走了，但國語早就烙印在我心深處，隱隱約約提醒我，可別忘記了北上的老家哦。而這番地逐漸在疫情下的沉澱，彷彿和世界從隔離到落後，儘管表面上看信心滿滿，但一步一步因膽乏而跌倒，好像站不起來了。

但，官富民乏，最終還是老百姓受苦，啞巴吃黃蓮。也讓我逐步死了心，而隱藏許久的家的呼喚，就逐漸浮上湖面了。這湖面，好清澈，好溫暖，但也有點距離。離子鄉愁，她平凡，不喧嘩，人情味足，就把這走了多過半個世紀的離子喚醒了。

家，我想你。等我。

一步一腳印的走過來的臺灣

我過世的爺爺，永遠是我心中的英雄。他是抗戰和民國時代的陸戰將軍，後來退伍後成為那時的勞工經濟學專家和教授，更在他高齡九十多時成為一家養老醫院的總裁和主席，享年104歲。我過世的奶奶，她和爺爺在戰火中相遇，結合，成為爺爺一生一世的戰友和牽手。奶奶也是我一生敬佩的女中豪傑，她一生奉獻政壇，是當時叱吒風雲的女性先鋒，享年100歲。

而我，就是在那風雲時代下臺灣誕生的早產兒。每個人都以為我會出生後就死了。但我，就像我誕生地一樣，有韌性，堅強，勇敢地活下來。我不敢驕傲，但我也不會為我辛苦拚的小成就有羞澀。

謝謝妳，臺灣，我流著妳美麗山河的血，我被著妳老天厚賜的力量，勇往直前。

祝妳雙十生日快樂，永不離妳的本性。祝諸位雙十安康，早日相見。

臺灣，記得奮鬥和博愛

好久以前的事了。上次去中正紀念堂，就記得
國父孫文的筆跡。尤其有印象的是"奮鬥"和"博
愛"。彷彿那時國父就已經意味到他過世後的世
界會有大變化。

不過，國父勉勵我們的奮鬥和博愛，是廣大世
界都應該做的事，沒有衝突，沒有矛盾。尤其
博愛，就常常反映在臺灣老百姓的日常人情
味。我每次踏入這塊土地時，不管是官，警，
同事，或任何服務業，教育，和商界的朋友，
甚至不認識的人，都很容易話夾子打開，也很
多人很熱情的把我這離開太久的離子當成自家
人一樣，倍感親切。

所以，雖說現今社會煎熬，世事難料，但心底
祈禱臺灣繼續加油，年年穩進，人人安康。

祝各位臺灣親友雙十快樂!

華，雙十的昇華

王羲之行書的"華"，給人的意境是濃厚結實。
近代齊白石大師隸書的"華"，卻給人老壯寬正
的不同凡響，各自顯風采。

我雖國畫根底，但書法不優，只能以個人風格
來解說我想表達的意境。

我寫的華，想表達的是"雙十"開天，在以天，
地，人，為三，再以孔先師言"一貫三為王"的
概念，把這"王"延伸，也包涵多個"雙十"為心，
有王者為樹，立永恆的雙十為葉，也包含"為
業"的意思。

華夏為基，子孫順業，萬眾安康。

小世界的蕭條

在2019年或更早。常常在工作空檔期，會找個咖啡廳坐坐，靜忘，看人群，還有寫字畫畫。也因為制服和我畫畫的原因，會不時有服務員或其他客人會上來談一會，好奇一下。也在許多咖啡廳遇上很多位態度親切的服務員。有一位後來考上一間國航。另一位是前空服，後來去別處上班，失聯了。

而在這區裡的小店，最近才看到已倒閉。之前在這也認識了兩位好談的服務員。美眉服務員後來在疫情初期就跑上來告訴我她要離職去地產業打拼了。另一位弟弟服務員後來所幸被這件店派到他們的意大利餐廳。不過這裡疫情管理不周，很多餐飲業也倒的倒，癱的癱。

也因為工作更忙，計劃改換跑道，也少畫畫了。不過也跟鎖域有關，畢竟很少地方可以隨意和好心情的慢慢做畫了。唉。

成都外的川菜

成都,一個具備人文歷史的地方,也擁有許多古史。在漢朝的"蜀王本紀",就有提到316BC被秦國並吞的蜀國,也就是現今成都的所在地。當然,說到川菜,難免想到辣。

不過,雖說我有北方的血統,也可以吃辣,但我少吃,也因為這裡氣候太炎熱。偏偏今天大雨,剛好去附近找賣碗筷的店時,看到了一間鋪陳有地方色彩的川菜館。

除了乾鍋雞微辣,四季豆和揚州炒飯都不辣,適合我這半個洋人。而且色香味俱全,份量也大器,只是我胃口小。

深秋裡領悟的關心

在漸冷的地帶，往往一個人就會想到人際關
係。秋天，雖說還不算冷，但在這離奇的疫情
後世界裡，在諸多打壓和無奈下，相信許多人
也感受到了人情冷暖，也飽受各種肉體和精神
的壓力。

說到"關心"，為什麼叫關心呢？好比我們心裡
有喜悅，我們稱之為"開心"，就像心像花瓣攤
開一樣，大放異彩。但關心，卻好像我們在壓
力下，需要自我保護，把心深深地埋了。在此
時，如果有個人反而過來敲我們心門，這關了
的心，就有可能轉變為開心了。

還是喜歡冷的地帶，有春夏秋冬的地方，有厚
毛衣穿長靴的雪地，而不是一年無季的烤爐。

委屈的累

累，不是難事。但當你遇到因為他人的過失而導致你忙到半夜，連飯都不能好好吃,而且忙到最後也沒成果,那就是無比的委屈,尤其對一個高效率，事事都把智慧和能量均勻地調配好的人。只能感嘆說兩件事：(1) 有些人就是來世上亂的,(2) 就有一些日子就是會感覺阻力100的。就只能嘆口氣,洗個熱澡,吃個冰淇淋吧。晚安。

從 "桎梏" 到 "自由"

在好多地方在繼續燃燒的國際禍害下，諸處都
高築城牆，把好多親人好友同事都分隔楚河漢
界，連年不能相見擁抱，換來的只是惆悵和落
寞。

人，不是像豬馬牛適合溫馴地被捆綁囚禁。
人，是上帝賜予無比的自知和自治，是屬於天
界，屬於自由，屬於彼此。請我主庇佑眾生，
還我自由，讓大眾回歸自由翱翔世界。

料，一斗米

在日本，會漢語的人就有時看到日語用的漢字，可能會感覺用意有點不同。不過，讀過歷史的人，就知道日本引進漢族文化最深刻的是唐朝。所以，今日的日本，無論是漢字，建築，甚至和服，都有唐朝的影子，甚至保存的比起源地還完整。韓國則是接近宋朝的文化。

"料"，在日本代表要付費的意思（有料）。把"料"分析，就了解為什麼了。料是米和斗的連接，也和"一斗米"有關。

一斗米大約今天的6.9公斤，不輕。在錢幣還沒有通行的年代，人們以交換來生活。所以，糧食就像錢幣一樣。所以，米，飯，就是人們的最低糧食標準。

有個故事，跟一斗米有關。

"斗米養恩，石米養仇"。話說在災難時期，一家窮人沒飯吃了，就跟一富家老朋友要點吃的。富人就慷慨地給了窮人一斗米。窮人到了家，親戚卻說，富人這麼富裕，就只給了一斗米。富人後來聽到這事，就跟窮人家斷絕往來。這故事說的，是一時慷慨，可能後來引起依賴或嫉妒，反而不好。

所以外語有句諺語：

"Give a man a fish and you feed him for a meal. But teach a man to fish, and you feed him for a lifetime."

幫助人，也要適可而止。不怕被人佔你便宜，而是怕別人誤會，嫉妒，或養成貪婪和依賴。

"Biang" 和媽媽的擀麵

這是我嘗試寫的"biang"字，有58筆劃，源於陝西的一種麵食。這字其實就是把揉了的麵團拍在桌面上的聲響。

寫這時，我其實是在懷念過世的媽媽在我小時候擀麵團，自己做麵，餃子，和饅頭的畫面。就是常有"biang biang"的聲響，和麵粉灑在麵團上的記憶。好猶新哦。

我們北方人，不大喜歡飯食，比較喜歡麵食。妳看繁體字的"麵"，就知道為什麼了，是麥子做的，比米飯的營養高，但處理麻煩。媽媽那時其實蠻辛苦的，因為生意不好，日子苦，她蠟燭兩頭燒。其實有時我們小孩是有自己煮罐頭吃的。但每當媽媽能夠煮的時候，我是超開心的。

小時候就喜歡餃子，至今我還搞不懂為什麼我那時可以吃下幾十個媽媽親手做的大大的餃子。現在，我頂多能吃個十個小日式煎餃而已。

媽媽，謝謝您，願主賜您安詳直到再會面的時候。

災難下的溫情

我從小是佛教熏染,甚至在高中時期完全素食,研究佛法,把佛教大藏和很多藏密的經文也讀完,也讓藏密的宗師要我父母讓我出家。

當然,父母沒答應,而我後來在中年時期轉換到東正教。不過,我還是偶爾會吃素食。

這連綿不絕的災難,在好多地方延續地壓迫小老百姓時,難免可以理解人性的自私浮現在檯面。每個人自顧都困難了,還要照顧自己家族,哪裡會有剩餘精力來顧著別人,對嗎?

但,人間有情,而且往往是在我們意想不到的小角落發現。

就有這樣一家樸素的小攤位,賣著熱烘烘的素食。菜色可觀,樣樣好吃,價錢實惠,實在難得。

老闆是個年輕人,以前從事專業工作,因為煮得一手好素食料理,所以在這非常時期非常有勇氣的在大食堂開了這間店,在眾多不同料理店佔了一小角落。

他跟這大食堂的打掃和清洗工人說，"你們隨意
吃，喜歡吃多少就吃"。這是這小老闆對這些前
線工人的感激行動。這樣的厚道，不常見，但
讓我覺得，人性本善的真諦。感動。

停電

以前認識一些在外地的朋友和同事(也不便說哪些國家)。有時,他們那邊偶爾會停電,而他們也見怪不怪。

然而,剛剛我住的地方就來個大停電。足足兩個小時的黑暗。幸好平時因為有準備,手電筒和蠟燭就拿出來了。因為職業和性格緣故,也沒覺得什麼。就把手機轉入低電模式,身上噴了點涼快液,然後就默默祈禱和躺了床上。兩個小時後,電回來了,就繼續洗衣服。

Life goes on, in the third world with the facade of "first world".

筋疲力盡後的晨露

在這幾個月搬公司和忙博士後論文和工作的折騰後，我不時覺得彷彿靈魂和肉體談了分手，而且分手的難堪。是累了，心，身，神，都累。

不過，上帝的大愛永遠不會離我們太遠。儘管我想放棄的時候，往往在懶散的祈禱下，祂都一個請求也不會漏掉。就像這裡，這平凡的小角落，放著撫心的輕音樂，喝著冰涼的茶，歇著點，就覺得生活也沒那麼窒息。謝謝。

自由的環抱

縱然連年關關難時時困，

或許事忙煩多心神難安。

儘管業業艱辛處處碰壁，

又或許老小哭鬧難撫平。

來年眾政疑憂世界平反，

世界似明鏡也迴響其靈。

天地人事事時時果相扣，

需眾聚集慧賢德定成敗。

試問無常世界難測明暗，

政可穩世界眾可定和平？

但願上天憐蒼生憫塵地，

還我眾生天賜自由環抱。

心煩的畫療

琴棋書畫，我就差了琴。不過，寫字和畫畫倒還是比較可以隨意拿起紙筆就可以療傷的。今天，一早就氣翻天。去逛了街，買新褲子後，隨便買些毛筆和紙，就在吃麵後畫了這張畫。

這是東正教神父在冬天雪景中走回小教堂的意境。太陽高掛，照亮了大地和疲憊的神父。

再見，老地方

最後的清除，也象徵離舊迎新。在這呆了20年，也算一段人生了。在這，我出版了我第二和第三本書，研發了管理軟件，研發了電郵網路安全伺服器，做了無數政府，私營，上市，和各行業的公司的營銷和運作顧問。在這傾盆大雨的一天，也自我安慰地認定是迎新年新財運的好兆頭吧。

過了今天，新年就在新地方開工了。也祝各位新年快樂，事事順心，身心安康。

現實和憧憬

在Telegram裡面，新年會有"下雪"的動畫，有點小諷刺，尤其背著熱的地方。我是流著冰天雪地的血液的小孩，所以永遠喜歡寒冷，最討厭濕熱。新年了，該是策劃下半輩子的時候了。冷，我等著妳。

暢

寫了這字"暢"，好比流水貫通肥田，陽光照耀大地流向四方八國。這就是"暢"在我心中的聯想。

人與人，要肯，也要能暢談。幾個人聚在一起，要能談國事，論學問，語家常。不一定需要良酒小菜，也可以淡茶小餅。這，就是調節城市繁忙的縫隙舒緩，可以療愈彼此。

人，也需要暢遊，學要可以飛向八國的自由。從旅遊，遊學，深造，久住，甚至移居，可以融入別人的文化，傳統，思想，從而提升自己的視野和胸懷。畢竟，呆在一個小點，是很容易變成頹廢的井底之蛙的。

人，更需要暢活，從哲學或宗教裡，吸取所學，把自我昇華至養世。這是任何政治體系和凡夫俗子所沒有的精華和營養。從無我中，可以把敬和愛像光線般的直射出世界。當然，難，但值得花一輩子長試。

暢，就是靈魂能夠解鎖和解放的境界。

徘徊。放膽。展翅，待飛。

徘徊

在世界繼續沈迷於小框框，尤其一小群人被權利和迷思的攪拌下，世界各地的老百姓也就冤枉地被帶動，被鎖定，被混擾，被排擠，被懲罰，就因爲那一小群人的權利聚集。人，也就徘徊在原點，沒有出口，甚至沒有門路。那，有辦法嗎？

放膽

但，人是有靈活性的，可以伸縮自如。在人類歷史，可以完全徹底看到一個真理，那就是歷史都是右勇氣，有智慧，有大愛，有毅力，有虛心，的人，去深深刻在歷史的石碑上。所以，無論社會環竟如何壓迫，如何坎坷，我們的底氣應該是勇氣。

展翅

每個人都有一雙翅膀，可以選擇是魔的蝙蝠翼，也可以選擇是天使的翅膀。有慧根的人，會認識自己心可向善，而從善意發揮慈愛的行動，終究影響一個人的生活態度，舒暢，和融和。人：要懂得把翅膀展開，從而衡量自己的度量，和能耐。而這翅膀，也可以是盾牌，保護該保護的人和物。這就是天使的宿命。

待飛

天氣無常，路途卻無比遙不可及。所以，人，要懂得等待時機。時機的正反，是虛心努力的歷練和智慧的結晶來衡量的。匹夫之勇，通常只會把生命的幼苗踐踏成廢地。世界之大，就等我們去發掘，不需要自鎖在小籠子裡自廢武功。所以，等待是找我們一定會等到的東風，才展翅高飛。

飛

一期一會 · 服務的精髓

作為服務品管的拓荒者和作者，打從1989年開始，就記錄，研究和提供諮詢，幫助大小各界的公司。不過，儘管這裡從那時開始就希望可以比美日本和臺灣的服務水準，但，跨入21世紀了，還是感覺在原點。

最近，搭了兩趟計程車。兩位司機都異曲同工地，叫我在方便他們的地方下車，而不是在我指定的地方，而且兩位都像八煞神似的臭脾氣。要知道，我對服務人員，無論是汽車，計程車，餐廳，店面，都好聲好氣的。

反觀在日本和臺灣，服務態度好是基本的底線。我去東京前往座談會時，司機是位老先生，對那地帶不熟。他到了地點附近，請我等一下，就衝出去問路人，知道如何去我要去的地點，才趕回車上，說了好多對不起，帶我到了地點。這，才是使命必達的服務。

在日本，服務態度不是卑微，而是自身的驕傲和自敬。日本人相信"一期一會"，珍重每個人，珍惜每個相遇。也因這，日本人的服務態度是群龍之首。

要提高服務水準，不是從前線開始，而是從領
導開始。頭正則身正。也要從社會的基礎一步
一腳印的培養，而不是希望可以有捷徑或科技
來取代。這是妄想。

匆忙腳步過後的無障礙地帶

在城市生活中，往往我們讓忙碌主宰我們的靈魂，而不是我們主宰時間。忙，不代表成功或成果。反觀真正的成和獲是融合智慧，知識，善心，喜悅，和適當的辛勞。過頭的忙，往往只會摧殘身心靈，最終只感鬱悶和疲憊。所以，要懂得偶爾放鬆，看看世界，飲茶作樂。能找到任何無障礙的地方，就把它當暫時的避風港或歇腳亭。歇夠了，才站起來繼續拼搏。世界很大，容得下任何人的疲憊和苦惱。

人中龍虎

今天題了這兩個字，龍，虎。

在華人生肖裡，龍和虎最具威猛力量。而虎屬地，龍屬天，就恰好完成世界的兩大祥和力量。

龍虎，這兩個字連在一起，就代表英雄的意思。所以，在我們周遭，有超越自我，不落庸俗的人，做出對世界和眾生有卓越貢獻的，或許就是人中龍虎了。

值得一提是，有權力的，仗著財勢辦事的，通常不在這形容的概括下。

伴手禮(お土産)

記得疫情前我們飛在外的時候，經常會在各地看到了零食或小禮物，而買回來帶給親友嗎？那些小心意，就是伴手禮。

臺灣文學家連橫，在1929年開始寫的"臺灣語典"，就已經記載了"伴手禮"的概念。日本也有同樣的概念。也因為人情味濃的臺灣和日本，注重關係和禮尚往來。

禮

今天題了禮這字。

從周朝時代夫子的禮記，就定下華夏和近地以後的發展。日本和韓國也吸取了許多禮記的思想。

禮，不止是行，也是為，是敬，也是心。在日本看到的禮，不止是敬，也是自尊。在臺灣，禮是敬，也是人情味的延伸。禮，是要有往來的。你以禮待，我也回敬以禮。

而在這小小的坊間華夫餅店，就看到了鄉土味的人情味和禮。服務員看到我這老頭，就親自把全部我叫的餅和飲料帶到我桌上(這是自助店)。感動。

灰灰，靜靜，甜苦

折騰了兩個星期：終於來到星期五了。又是腦被工作和煩惱廢了的狀況，不知該吃什麼，甚至腦袋癱瘓到不知想吃什麼。

就不由自主地又走到這甜品小茶室。也又訂了巧克力冰淇淋華夫餅，無糖豆漿，和無糖黑咖啡。圍繞著我的，不是人，而是冷冷的家俱而已。

在舒適和靜靜的空間，想著的，不是惆悵，而是平靜。

人在江湖，過關斬將

近幾年的世界，逐漸價值觀模糊，政治人物走向叢林法則，越來越不遵守社會人倫。是你的，也可能被搶了。是黑的，也被說成白的，而且離奇的是，還好多人會信。

是人都變笨了嗎？

所以，我們人在江湖，不能沮喪地認為身不由己。我們應該闖五關，斬六將，也要能有破釜沉舟的決心和能耐。輸了，也要站起來，把旗握牢。要倒下，也是對方給倒下。

江湖

當不成喇嘛，但對糌粑的懷念

很久以前，當我十八歲時，我被藏密紅教教主看中，認為我是當和尚的命。那時的我，已經把佛教大藏的經書自修讀完，也已經達到入定和解說經書的程度。

不過，當時父母以我為長子，當然馬上拒絕。過後，我就去服兵役了。而後來，就在2004年，走向基督東正教了。雖然沒有當上和尚或喇嘛，當我跟宗教永遠走得很近，也讀完神學院的博士學位。奧趣吧。

那，糌粑是什麼回事呢？

糌粑是西藏傳統平民食物，但也有宗教的用途。很久以前，當做密宗大禮拜時，就常常有糌粑在壇上。而糌粑就是西藏青稞做出來的。

在公司附近茶仙子的店裡，剛巧就來了新口味，是青稞墊底的清茶，淡香的茶，配口感十足的青稞，就讓我這斯拉夫血統的高原人，想起了老祖宗，更喚起了對遼闊高原的思念。

博士後論文發表後的下一步

我那研究論文在醫學學刊發表後，終於擠進醫學和防老科學的領域。那，下一步呢？

18年前，我讀完我第一個博士學位(跟電腦有關)。在14年前，我讀完了第二個博士學位(神學)。那，現在這最後的一關，就是可能攻讀第三個博士學位(生物化學)。

所以，這就是我在學術界可能的下一步。不過，最重要的一步，是論文已經成功發表，也可以從這方向走，不管是繼續讀書或往工業的路走。就是多一個出路了。

杯中乾坤，唯我獨尊

在烏雲密布的下乁，如果你的胃空蕩盪的鬧革命，而在不想踏匕牆外尋食的話，有時候一間小茶坊就可能把飢餓拋開，讓平靜填補空洞。

每次和茶會面時，茶總是穿出品味，杯子就彷彿是靚麗的新衣，戴著細膩文化的一頂文雅帽子。而這帽子往往流著幽默的墨水，提醒了我們城市小孩生活裡可以認識的詞句。這頂帽子，今天就是加碼的展現文人的詩句和小插畫裡要反映的琴棋書畫。

這一小杯，裡面的實在，清涼，和緩衝，都能讓我們很快的跨出煩累的城門，去迎接自己內心裡的宇宙，從而拉起我們的原力量，繼續往前進。而短短的屸間，就感受小段歇息中的自我電充。

歸

我題了這"歸"，來反映很多人的心態，尤其因為疫情導致的各種惶恐，麻煩，和心靈震驚，甚至創傷。已經有跡象顯示越來越多人有創傷後應激障礙的案例。

很多人開始想家了。有些人是去外地打工和拼生意，算是暫離。有些是從小就隨家長移民。但，這些人都會有種離鄉背井的惆悵，難以平復。而疫情反而加重了這鄉愁。

歸，是在描述你的迷思，希望，或是已經邁進成計劃了呢？

人

照照鏡子，你肯定老早發現我們左邊和右邊的臉，是不對稱的。而往往是這自然的不對稱，反而顯得自然，甚至好看。

"人"字，其實以我超差的書法，覺得跟"一"字一樣難寫。書法難的是平衡，而越少筆畫的字，反而越難寫的好。當然，書法也不是我的強項，所以越簡單的字越難藏拙。

做人也一樣，要在自然的不平衡中，找到自然，和諧，平靜，和幸福。往往人不能太執著，也不能太瀟灑，要在這彎曲狹小的人生道路上，留點謙虛和耐力，一步一步向前。跨前的每一步，也可能摔倒，也可能受傷，甚至就不能跨前任何一步了。但，如果能爬起來，就繼續。如果不能：就繞道。人生本來就不是一條直線，也不是毫無挫折。連聖賢都經歷過比我們凡人更多的失敗和終止，也沒什麼大不了的。加油。

生命裡的酸甜苦辣

在教了一早的課，雖然很辛苦，流了滿身汗，但看大家忙著寫筆記，專注對他們來說這很深奧和陌生的課程，就欣慰了。

忙，的好處，就是暫時忘記了煩惱和急躁，而只有節奏和成果走過時鐘的顏面。

走出去就老天回答了，開始下起毛毛雨。雖然很省著下，但有幾滴滲入衣服的感覺，就心裡開始舒緩了。畢竟這是難熬的一天。心情不是很常態。天，是可以百態的反應我們的心態，好比一面無邊境的大鏡子。

這金橙橙的冰茶，就是一個老頭歇腳寫下這心情走向平靜，呼吸跟著慢下腳步的地方，好比古時能歇腳和同鄉話家常，論世事的小路亭。

謝

題了這隸書的"謝"字。

這兩年，多虧少數幾個人，陪伴我度過難熬的日子。除了感激，還是感激。

我這嚮往自由難被栓住的人，對那些政客在這疫情下的所為，很不認同。除了少數有智慧的，好比瑞典，很多都下來的流年，也應該虛心跟瑞典和少數地方討教了。

日子越來越不好過。尤其小地方，機會薄弱，在大環境的衝擊下，只會越來越難熬。當然，富裕權貴不會認同，因為在他們的大房間裡，看到的只會是不真實的環境，也導致他們根本不懂小市民的種種悲哀和煎熬。

但，慶幸的是，主賜憐憫，我工作沒缺，博士後的論文也成功發表，能夠在我縱橫的領域裡找到新的未發掘地，就是跟抗老，飲食，和醫療的新世界。下來的路，至少除了正副業，也會有新的可能，甚至會有離開的機會。但，都在主的懷裡，我相信祂會安排，也會在適當時機給我一條明路。就耐心等。

所以，這幾年，就算很多不便讓我難熬，但因為主和一小數的人的精神支持和鼓勵，路，顯得比較好走。謝謝。

花開

一盆植物，永遠默默地呈現一片綠，而我們往往也不大注意它。但，一旦花開時，突然我們眼睛才一亮，注意這盆默默成長的植物。

我們個人，和大小環境也一樣。往往在平凡的掩蓋下，沒人注意。

而那些出頭鳥，無論是政客或所謂的鉅子，如果不是背後有山支撐，就或許因出賣靈魂而曇花一現。但，這些都是幻象，因為都彷彿是塑膠花，看起來美麗，卻是永恆的虛假，一點社會和環境價值都沒有。

但，在默默耕耘之下而開花的一盆平凡，往往是神賜的禮物，也是神的神蹟，因為我們永遠不可能把泥土變生命。

所以，平凡反而是超凡，就像耶穌基督的門徒，都是平凡的人一樣。而平凡在天地的滋潤下，培育了超凡。

不要自傲，但也不可小看自己的平凡。

豐衣足食乃治國之本

中國文化裡，我們會憧憬"豐衣足食"，勝過"長命百歲"。為什麼呢？

理由很簡單。有了豐衣足食，自然心情闊懷，也就自然健康跟上。有了豐衣足食，生活才有樂趣和安逸，也才會希望長命百歲，子孫滿堂。

然而，如果四面楚歌，陪伴的是貧窮和疾病，有誰會希望極具諷刺的長命百歲呢？

所以，被寄望領導頭銜的人，如果不能把豐衣足食帶給人民，那就像先賢孟子所言，不配做上統領和政治的寶座，而應被淘汰。

現今社會，太多職業政客和商業領導，沒有時間磨練出來的雄厚底氣和實戰經驗，而沈迷在炫論，和不切實際的衝突，矛盾，和措施。最終，垮了社會，更垮了世界。

賢能之人，如果走上政治和商業領導的路，希望能先記住，要能先把豐衣足食帶給人民，才能有資格想和做別的事。

焉

今天題了這"焉"字，因為想到"心不在焉"這句。

焉，是"正"坐在"鳥"上。古代"焉"有許多意思。代表一種候鳥。但也代表"乃"，"之"，"與"。也是種助詞，疑問詞，等等。

現代字語中，最常見的就是用在"心不在焉"上。而這"焉"代表"這裡"。但在"荀子。非相"裡，"焉"也代表"額頭"。

所以，我們在待人處事時，如果有人在訴說一件事，我們的人在，但我們的"神"，或"心"，在嗎？往往人與人的處事，就是關於心，魂，神，在不在的問題。身體在，不代表這人真正在。誠懇就在這人肯把現在這時間和心，交給你嗎？

規

很多地方,因為疫情和國際巨變,也跟著變動了。到處開始轉變,很多以前認為定數的,也逐漸變得未知數了。現在的人,要懂得跟時機和現實運轉和換跑道,不能墨守成規。

梅，華族精神之傲

我們國畫裡，有四君子之說。從明代的梅竹蘭菊四譜，就以梅、蘭，竹，菊，來稱為四君子。我除了竹以外，其實梅蘭菊我都不擅長。

這四君子，梅為傲，蘭為幽，竹為澹，菊為逸。也因四君子皆都不媚世，所以就得了與聖賢神仙共在的涵義。

梅，就是象徵我佣大中華的精神，傲立深雪，高潔志高，比美世上找尋精神追天的聖賢和英雄雌雄。明代就有，"梅花香自苦寒來"，指的是我們必須經得起考驗，要有默默耕耘，才會配得上有收穫。

世界，畢竟只是過眼雲煙。能像梅傲立雪中，就代表一個人已經達到各信仰最高境界了，好比基督教的神人合一，佛家的佛覺，和道家的得道，等等。

送五瘟，迎端午

題了這"端午"兩字。

五月初五，是端午節，是象徵驅走瘟疫的節日，也是紀念屈原的節日，也可稱詩人節。

雖然我腸胃對糯米沒興趣，但，一個紀念詩人，像我也濫竽充數擠進去，和趕走瘟疫的節日，想必是該慶祝的節日。

祝各位詩詞滿肚，身心安康。

眠

將近4年沒真被疲倦和普通街坊小病打倒的我，也應該承認我不是鐵打的，也會因連續操勞而垮的。老天這樣的提醒，算是溫柔和仁慈的。

睡眠好像在我眼裡，是奢侈。畢竟，比起很多同輩或小輩的人，我也從來不追奢侈。最奢侈的也是吃吧，也不常吃真正奢侈的地方，因為我喜歡簡單和平易近人的小地方。

所以，這次，我真睡了好久，昏昏沉沉地睡過兩天。估計今天繼續，把小病驅走，才可以回到工作崗位。

祝大家身心安康，記得要每天補足維他命，睡夠，做些重訓，也要把心情放鬆。

淡

有感就隨便題了這"淡"字。

在人生的路途上，我們會遇到很多人。有些人，越走越近。但更多的人，隨著年齡增長，反而越走越遠，到最後，就忘了。

淡，就是人生的寫照。就像一幅畫。當完全嶄新的時候，彩墨就立體生動。但，隨著時光的摧殘，就顯得黯然失色了。但，妳看著，雖然模糊，這畫還在。

什麼意思呢？這淡了的畫，就是我們的記憶。

孝心不容易

今天又回到這裡了，阿塞拜疆烤肉店。可惜烤牛肉賣完了，老闆問我可以吃烤雞肉嗎？好吧，就選了辣烤雞肉加飯和酸瓜，扁豆湯，和罐裝綠茶。依然美味，不過微辣了點。

就在隔壁，是一對臺灣母女。女兒帶著媽媽來這吃，叫了這裡的雞肉。不過語言沒溝通吧，叫了可能跟我的辣烤雞肉一樣，老媽媽不能接受，鬧了起來。我也是過來人，懂得年長者會有疼痛，會鬧脾氣，就彷彿變回小孩一樣。除了耐心，還是耐心。

阿塞拜疆族的店員蠻好的，幫母女換了別的，還送了一瓶水。這也是小店的人情味。

我們都會老，也只能希望以後的我們，不會給別人添麻煩，有自主能力，也能照顧自己。畢竟每個人都會無奈地經歷老去和死亡。其實，釋懷了，有信仰了，不應覺得會懼怕老和死。

祝各位身心安康：幸福美滿。

記得

被人記得，是窩心的，是美好的，是幸福的。

嚴冬下的陪伴

疫情期間，世界各地都在那兩年裡，彷彿時間靜止了。街道，大廈，鬧市，彷彿都像人類消失了一樣。除了比較開通前衛的少數國家，如瑞典，很多地方都選擇了關閉來應付。對錯已不重要，因為人類的諸多虛偽，怯懦，貪婪，無知，都顯現無遺。但，老百姓唯一能做的，就是忍耐。

臺灣歌手張信哲的"陪伴"，是在疫情期間發的，講述的是陪伴對於人與人在煎熬下的龐大力量。愛，勝於一切，勝於一切權力和財富的壓力，勝於一切天災人禍。

時間和健康的拉鋸戰

去探望了親人躺在醫院，憔悴和瘦小的身軀，就的提醒自己，時間永遠走在健康前面，而我們的自身責任，就是把時間和健康的距離拉短。

而健康其實不難，注意飲食，不要暴飲暴食，跟體重比例足夠的蛋白質，減少鹽，糖(包括水果的果糖)，脂肪和碳水化合物。

碳水化合物是年輕和體力勞動的人可以吃多而不會增肥的食物，但確實上了年紀而且少活動的人的剋星。

要多點重訓，少點損害關節的有氧運動(好比跑步，自行車)。

多睡眠，因為睡眠是我們身體修補的時間和機會，也就是抗老的一大秘法。

在食物逐漸失去營養的狀況下(太多基因改變的原因)，也要記得補給維生素，如高C，B群，D，鋅，等等。

祝各位身心安康、

耕耘和收穫

耕耘也不一定有收穫，要看老天給點憐憫嗎。不過，如果沒有耕耘，那就更不可能有收穫。這就是人在世上要面對的抉擇。

在1990年代，我一腳踏兩隻船(打工和創業)時，去招生意的時候，諸多碰釘子。很多人看我公司剛起步，就要用沒聽過我公司或我年輕為藉口，來狠狠地壓價。我當然臉皮厚，坦然接受很多不合理的侮辱和欺壓。

不過，我生來就是倔強，越戰越勇，這小地方的這些人，不會是我內在鐵血鋼心的對手。生意就在默默耕耘下小步慢飛的成長。

到了現在，兩腮的棕髮也出現少許白髮了，也邁步走向六十的門檻。

欣慰的是，就像今天跟新朋友談生意時，看到的已經是別人對我的尊敬和信賴。這是三十多年慢慢辛苦累積的心酸煎熬和努力蒸餾下的成果。這不是三兩下或以天或月可能達到的。

所以，我欣慰我選擇走過這些艱辛的路，一條很多人都放棄的路。努力也要天佑，我感激老天對我恩賜，沒了祂我不可能從出生就要死的

邊緣爬回，也不可能跨過很多一般人毅力不能
達到的火煉。

祝各位繼續加油，身心安康，乘風破浪的勇往
直前。

寫歌詞的初體驗

我喜歡寫詩，不過因為因為因為英文是我主要語言，而國語其實是我第二語言，所以寫過的詩都是英文的。

最近，不知那根筋斷了，就想試試寫歌詞，而我寫下的第一次居然是國語的。

有人說，像詩多過歌詞，也對。不過這歌詞我的理念是朝方文山寫的，周杰倫唱的"青花瓷"的曲風。

下一個嘗試就會比較白話點，朝激勵年輕人的方向走。

在乎

十二月底冬天的臺北市，

跑過那下著雨的人行道。

拉緊羽絨衣的手凍如石，

快步四方張望找個歇腳。

雨聲滴答仿佛跟著心跳，

雨越大心跳呼吸也跟進。

隱約烘麵包香味百米迢，

喚疲憊全濕身軀加把勁。

久違的妳何去何從，

找遍高雄每個角落。

過去的妳來去匆匆，

在乎的我尋遍街綷。

還記得老字號的滷肉飯？

儘管我一直對滷肉卻步。

可妳就愛古早味的平凡，

遊走的記憶都納入相簿。

久違的妳何去何從，

找遍高雄每個角落。

過去的妳來去匆匆，

在乎的我尋遍街絡。

好懷念我們讀書的曖昧，

課後牽手澄清湖三六八。

六合夜市瞄妳側臉的美，

羊肉串鱔麵花枝都吃罷。

久違的妳何去何從，

找遍高雄每個角落。

過去的妳來去匆匆，

在乎的我尋遍街絡。

住進現實，拋下童話

世界變得很快。

五十年前，誰會想到亞洲已成為後起之秀，逐漸超越很多歐美地帶呢？不過，其實事實是一點一滴累積的辛勞成績，沒有運氣或僥倖。亞洲的崛起，是應該的。

我十多歲時，糾結要出家當和尚呢，還是去美國讀書。那時的我，是因為上一代的熏陶，會崇洋的。

但慢慢的，在成長的過程，也步上學者的路，就開始發掘亞洲文化的深遠，它的智慧，它的慈悲，它的細膩，它的高尚。而我這流著北方戰鬥民族和華夏的兩道血統，就越學越愛。

反觀老美，往往在這幾十年，只讓我看到了殘酷自私的掠奪和戰鬥，而逐漸忘記它短短兩百年的小小歷史。而貧窮和巨富的差距嚇人，無家可歸和靠飯票過活的，是以十萬翻倍起跳。

而古老的歐洲，已被政治家玩弄了，把好好的千年文化都當垃圾了，而大意地跟在老美後面。貧窮也遍地開花，是政治制度的腐敗造成的。

當然，還是有理智的一些人，所以我還稍微能看到曙光。所以，只能祈禱，希望稍微有腦的人，看得清，會逐漸改變大眾的迷思，把人類從腐敗，貪婪，掠奪，和憎恨拯救回來。

世界，最後是屬於亞洲的。

我第二次嘗試寫歌詞

英語系的我，還是該硬著頭皮嘗試寫歌詞。今天寫完了第二首，"展飛，同學"。

展飛，同學

青春的熱血讓你灑脫，

厚厚的課本難不倒你。

賽場的獎章綻放多多，

不管比賽高山還是泥。

茁壯的體力從不放棄，

任何的挑戰你都接住。

假期的打工從不掉漆，

就是給你成熟的輔助。

世界龍潭虎穴，

都是勇氣的肺。

伸開雙手同學，

放開膽識展飛。

世界變遷誰能夠知曉，

小丑瘋狂如烏鴉盤旋。

你還是堅定箭步如驍，

開心高歌伴搖滾琴弦。

世界龍潭虎穴，

都是勇氣的肺。

伸開雙手同學，

放開膽識展飛。

日出日落走向大世界，

一本護照夾一張機票。

背包手機穿插人群間，

想去何方家就隨你飄。

世界龍潭虎穴，

都是勇氣的肺。

伸開雙手同學，

放開膽識展飛。

人能走多遠？

人，永遠不知道能走多遠。儘管我們會嘗試長生不死，那也只是童話。我們的老祖宗秦始皇，財大力廣，追求永遠，也是狼狽而終。

人要謙虛，因為人永遠遠離老天，也高攀不起。記得古老神話，飛行的鼻祖伊卡洛斯(Icarus) 嗎？就是嘗試飛行，用羽毛粘起來當翅膀，飛沒多久，就被太陽的炙熱融化的羽毛翅膀，墜落而斃。

所以，每一天是福氣。能做的，試試做它，完成它。失敗了，也可以對自己負責任，說，我努力了，也學習了。

我覺得學習勝於世間所謂的物質成就。物質死了帶不走。我老媽一生奔波了，就是追那口氣，過不了她自己那一關，好惋惜。

蘋果電腦創辦人喬布斯就說過，路程才是回報(the journey is the reward)。我就是朝著這方向邁前，大步勇敢的走。有汗。有淚。真的有淚。只有我看得到。就夠了。

以後，老天知道。我不知道。謝謝你，老天，給了我精彩的路程。

簡單其實就是福氣

人生的簡單其實就是福氣。年輕時，追名牌，追名利。

到最後，發現最幸福的人，就是我在外國看到開一間小拉麵店的老闆，或是一間小書店的老職員，又或是菜市裡鮮果店的老奶奶，又或是好多機場地服員勤奮的幹活。

或許你聽過白領階級的人喜歡爬上去，想賺很多錢，然後買個海邊別墅養老。但，往往漁夫看到這些人，就會心裡想，我沒需要讀多名貴的大學，也不必跟辦公室的同事爭鋒相對，就已經每天傍晚坐在海邊烤魚，看深夜裡的滿天星斗，吹著涼涼的海風。

在繁忙的都市裡，多少人為爭名利賠上了健康，家庭，友誼，甚至性命？值得嗎？

今天，煮了一碗快熟麵，加了一些罐頭海鮮，來點菜，一點藥材，還不是美味的一餐？簡單，幸福。

退

最近一些新聞和文章令人感慨。

很多事情其實很簡單。往往，一些有心人士有意把事情無中生有，從小放大，巴不得世界一日不得安寧。其實也很簡單。英語就叫 "just follow the money"，就是往往事情的背後就是為了錢，或貪婪。

試想想，歷史上，出兵開戰的地方最多是哪裡呢？答案非常明顯，也都清楚寫在歷史裡。而一些偉大的民族，最注重的好像比較跟繁榮有關，而不是一味要打。打，不是東方文化的底。我們講的很明白，叫"和氣生財"，或"萬物以和為貴"。不難懂吧。

所以，我們不需關心無聊操作的"新聞"，為的只是沒真正作為，一直到處嚷嚷的快退休人士。就當是這些小人物的落幕自娛節目，不需要給它們太多台階或版面。

生活依舊，前方才是我們該注意的。記得老祖宗的"和氣生財"。

鄉愁，點心

太久沒有回去老家了。估計現在回去，臺北應該也有點陌生了吧。不過，家鄉的點心，還是在日本超市看得到，倍感親切。

點心，就好像是"一點一點的心底感動"。因為，點心不是大鍋菜，是烘培下的小品。鳳梨是臺灣特產，不溼，超甜，很適合做酥餅。我蠻喜歡。也可能是鄉愁作祟。現在，來杯咖啡吧。

質，不是量

簡單的一碗番茄牛肉麵(完全不辣)，涼拌沙拉，可樂，蠻開心的中飯。

人生，其實不需要太多。質，不是量。

找回初衷

我小時候對化學和物理很有興趣，只是長大了，電腦業才是王者，所以長時間沒繼續追求科學這一塊。

不過，因為疫情改變了很多人和職業被打垮的情況下，就讓很多人漸漸萌生改換跑道或加多跑道的想法。

而也是在疫情間，我繼續了我生物化學的研究，成功在醫學學刊出版了關於抗老化的博士後論文，和後來在醫學課本裡刊登了有關聯的另一篇抗老化劑的長篇書章。還在繼續這條路，要把關於節食和抗老的研究完成，然後看可以開始朝皮膚抗老的業界加一條新跑道。那就回到我初中開始對這領域的喜愛了。

看老天憐憫吧。

跟自己多溝通

回家前來杯伯爵奶茶，不錯的小確幸。雖然當了好久遠離臺北老家的遊子，浪蕩江湖也已經累了，不過這杯涼涼的奶茶，聽著這小茶店的流行國語歌曲，彷彿就回到臺北的馬路旁的茶店。小確幸，很臺灣式的說法和想法，也讓太拼的人，可以慢下腳步，跟自己多溝通一下，也就懂得如何對自己好一點，活的多一點。

中秋佳節人人圓滿

中秋，可以追回到中原三千年前就開始的一個節日。在亞洲各地都有類似的節日。

在日本，月見 (tsukimi)，就是聚集慶祝豐收的節日。在韓國，추석 (秋夕, Chuseok)，也是聚集，敬老，慶祝豐收的節日。在越南，(Tết Trung Thu, 節中秋)，則是慶祝孩童接近天地的童真和其神聖意境，也是蠻深奧的。

祝各位在這節日，圓滿，安康，快樂，也保存我們都深藏的童真。因為，我們東正基督教就相信，要與上帝接近，就要還原我們該有的童真(馬太福音十八)。

謙卑的發光體

世界上，有些人會很自負，以為自己家世好，財富多，權利在手，往往就貶低或看不起別人。這樣的人，誤以為自己是太陽，但，他們的光芒也只是借助上帝之手的加持，才能發光的。

所以，每個人其實都只是蠟燭，需要上帝的手點燃我們那把心靈之火，才能借助祂的手發光發熱。最多也只能說，有些人是大一點的蠟燭，有些人是小一點的蠟燭。但，都只是。。。蠟燭。

謙卑是很大的力量，能讓我們把身段放下，專注去尋找知識，經歷，耐心，慈悲，和愛。沒有謙卑的人，儘管財富權利聚於一身，到頭來還是歸零。

夜晚，孤獨

如果你看標題，一定以為這是悲觀可憐故事的
開場白。其實不然。

你相信我曾經是舞者嗎？在80年代服兵役時，
還在全國才華秀跟兵營朋友一起去參賽過。跳
得還是你可能不相信的街舞。所以，你或許認
為我喜歡夜生活吧。但也不然。

我不吸煙，也不喝酒，所以不會流連夜店或徘
徊在半夜的街頭。唯一一小段是我在90年代離
開電腦公司後，我的秘書也隨後離職，當上日
航空服員。她當空服時，每次就硬要我當她護
花使者，陪她去夜店，過後送她回家。也算是
兄妹緣吧。之後我就再也不去夜店了。

試想，要晚上出門，還要穿的得體，在一些地
方跟別人擠。過後還要好晚的時候，拖著疲憊
的身軀搭車回家。不累嗎？

我喜歡夜深人靜的時候。那是我可以研究，反
省，沉思，運動，和獨自娛樂看節目的時候。
我很少會選擇晚上出門。認識我的人會明白。
在很多時候白天工作貫連到了夜晚，還不是責
任在身。所以，可以緩一下的夜晚，就是無比
神聖了。

歡迎光臨，感恩照顧

其實，很多地方和時候，我遇到的服務都是蠻好的。去很多地方，或許制服，或許我有點白髮，又或許我對人處事的態度誠懇和謙虛，都會遇上蠻溫馨的服務員。

今天，來到這日本法式餐廳，我本想吃俄式牛柳絲加蛋包飯。但問了，今天菜單沒有，只有簡單的蛋包飯。

但很訝異的是，上菜時，來的正是我想要的俄式牛柳絲加蛋包飯。心裡很感激他們越過菜單給了我想要吃的。

解除困難後的牛肉粉壓驚

這兩週，連續被工作上的一些伺服器和網站資料庫的種種問題壓迫，幾乎要斷氣了。試想，整個團隊（美，歐，這）一起看問題，卻遺憾地沒解決，好困惑。

最後，我毅然決定重新打造一個新網站，把舊的資料整理，濃縮，然後重造。畢竟，整個團隊都試過了任何可能性和方法也都沒成功。終於，我自己把網站重新打造，今天終於可以出關了。

犒賞自己是必須的。找到這家牛肉麵店。叫了酸菜牛肉粉，加滷豆皮和煎饅頭。真的很有家鄉味，彷彿回到了臺北的路口牛肉麵店。很欣慰，好像心裡重擔放下了，只剩輕鬆和祥和。謝主賜福。

心中的家

其實，說不想出生地是假。不過，生命很微妙。我們認為是應該的事，往往會對我們繞道而行。而我們覺得不可能或不應該的事，卻往往會火箭式的衝向我們，毫不猶豫。這，就是人生的無常，和上帝的幽默。

在這雙十，離家很遠。遠，不止是實際的距離，也是生活軌道和家的軌道似乎是平行而行，沒收斂的任何痕跡。所以，儘管想家，也已人去樓空，情懷在，但回去只會面對新的陌生。

但是，人越老，越想家，就像月球永遠不離棄地球，繼續以地球為軸。所以，在心裡插起那青天白日滿地紅的旗幟，掛念以故的爺爺奶奶，他們為信念而奮鬥的悲壯歷史，和他們的功績，都已經是大學教課書的歷史文物了。那種強大力量，不是我們這一輩能夠理解或重行的。我只能讚歎地起立和致敬。

老家，加油。世界很大，也很小。把妳溫文的人情味，帶向四方。

快，的滿足

我們城市人的命，就是奔波。說誰是勞碌命就好像說誰是人一樣，明知故問。每個人都為區區一斗米折腰，除了不問世事的高官達人以外。

所以，忙碌就是我們的腳步。所以有時能很快的吃點東西，填飽肚子，也有一種滿足。

這麵就是日本的味增湯快熟麵，加罐頭金槍魚，蛋，和菇素餃，還不是好好的一餐。

竊者不同，待遇也不同

孔先師之徒，莊子，在"胠篋"說："彼竊鉤者誅，竊國者為諸侯；諸侯之門而仁義存焉。"

是什麼意思呢？就是世間凡人所立的法律，不是公平的。

如果一個小市民偷了一樣不值什麼錢的東西（鉤），會被重罰甚至處死。但是，如果一個大膽之徒，偷了國庫，反而可能成為候相。而莊子就是諷刺這些偷國的達官顯要，口中的仁義，都是偷來的，一文不值的。

所以，我們在平凡的命運裡，不需太責備自己，也不需跟別人比。好好地活著，好好地學習，用心地努力，虛心地祈禱，就對得起自己了。到最後，我們需要面對的，不是別人，而是自己。

獨處食樂

獨。。。不是每個人都能勝任的選擇。

在每天,我們會遇上千奇百怪的人,物,和事。我們城市人也沉溺在快節奏和高效率的環境。稍微不小心,就可能被排擠或淘汰了。所以,如果選擇留在城市生活,就要跟得上。適者生存,不需要任何藉口,就那麼簡單。

但是,路遙知馬力,也要懂得這是長跑,不是百米短跑。

所以,我們需要保持呼吸,選擇在我們的選擇隨意慢下來會停下來歇一會。也記得休息,吃飯,運動,閱讀,玩樂。

我們值得我們對得起自己。不要懷疑。不要猶豫。要慢,要快,要歇,要停,都是我們的選擇。

在歇和停之間,記得自我沉澱,自我反省,祈禱。這,就是"獨"的特權。

別人辛勞，我們受益

剛剛歇會，喝了杯泡泡茶，也是在這一貫去的小茶店。看店長美眉忙的不可開支，我也就靜靜地等她忙完。這間店的兩位老闆娘和這位小店長美眉，都是無論多忙，都是服務態度一流，聲音柔和的對待每一位客人。

就想到，無論是你我任何服務行業，都是在為他人服務。我們的辛勞，就奉獻了誠信的服務給客人，任何領域都一樣。如果客人開心的笑了，或回以感謝，我們的辛，和勞，都會倍感值得。

人，都是相互的。一來一往，就是情緣。祝你有個愉快的下午。

冷的智慧

我喜歡冷。在車裡，我坐前座，往往冷氣直吹我臉和身，也不會哆嗦，而別人早就不行了。是，我身裡住著戰鬥民族的熱血，不怕冷。

不過，冷，不止是環境，也是可以磨練我們處事的態度。

看過很多人，包括幾十年前的自己，都是血氣方剛的徒。在危機和火氣事件中，很多人就為了面子，或自以為的裡子，而就不顧他人感想，一把火式的引爆整個局面，而不可收拾。看很多政治人物，就是理直氣壯的罵爆了別人，而忘了自己的理虧和偽善。

在衝突時，我們可以輕易選擇引爆做毀壞者，也可以選擇做最難的拆彈專家。

你看，在俄羅斯深冰下，就好好保存了百或千萬年的史前動物。而在熱帶，史前動物就剩零碎的骨頭標本了。

這就是冷的智慧了。在我們日常，經歷火藥味重的時間時，我們可以選擇用自認的理由來起火起哄，或用冷靜從容來分析和解決。

那,如何用冷智慧呢?在情感爆發時,好比生氣或難過時,不要馬上以感情做決定或機關槍式的說話。往往這些舉動會引來過後的錯誤,失敗,離棄,和悔恨。

遇到有火藥味的事件時,就像飛行員一樣,是先觀察一切,給予一點時間來沉澱,然後不多說,而分析事情的軌道或彈道,從而做判斷和行動,最後才來以平靜的交談來妥協和完事。

人生敗者,往往是口頭上先霸凌別人以為是勝利,卻引爆一切事,永遠解決不了問題。

人生高手,就是靠冷靜和沉默,來面對問題。然後分析解決問題,最後才以言語溝通。

念

今天題了這"念"字。

其實，國語很深奧，一個單字就可以有很廣很深的意思，不像外語。好比英語和俄語，就不能很好的表達國語的單字。

"念"是個很有畫面的字。上今下心，代表著這秒鐘我心裡的思想和牽掛。

我們人生中，如吳把家人，朋友，同事，過路人，等等，都包括了，你可以靜下心來，問問自己，哪一個人會心裡常常有你呢？但，除非我們開了天眼，有看穿心思的超能力，我們如何知道有人在念著我們嗎？

很簡單。除非是你每天都得見的家人，最直接的就是一天內，除了寒暄以外，這人會在一天裡，有多少交流，有多深的言談，有多緊密的陪伴呢？這，就是"念"的實質表現。

一個人如果一整天，會常常久不久就問你現狀，會有想聊的表示，會希望不管見不見面都用現在科技所賜的功能，好比微信或任何通訊軟體來交談，那這人肯定在"今"就"心"裡有你了。

而你，又會對別人有"念"的實質嗎？

得失

今天題了這兩個字，得，與失。

路加福音9：25就警惕我們，不要以為擁有了世界，而失去了靈魂。

人生就是徘徊在得與失之間。在得到的時候，不要得意。在失去的時候，不要沮喪。任何得失都不值得我們賠上了性命，健康，良知，和理智。

得到和失去，其實就是一個銅板的正反面。得到物質的時候，最終也要嚐到失去的時候。不過，就是一個永無止境的循環，就像我們轉動銅板一樣。所以，無需擔憂，也無需驕傲。

平常心看待一切，就贏得了理智和平靜。

犒賞自己的辛勞

人生苦短，所以要把握現在，活在現今。很多人包括我自己過世的老媽，和一些周邊的人，就是辛苦了一輩子，就在病痛下離開了，一點福都沒享。

我的觀點可能比較洋派(也因為我確實留著洋人的血統)。我認為，不管是節日，開心事，或不開心的事，都可以慰勞自己。開心的事值得慶祝。不開心的事雖然沒理由慶祝，但慰勞自己的辛勞和心理建設，我認為是應該的。

昨天折騰了一天，也收到一個不開心的公事消息，就去好好的吃了。辣蝦仁，青龍菜豆苗，蛋豆腐，飽飽了，就滿足的帶著疲憊的身軀回家了。

亂

今天題了這"亂"字，來形容現今世界。

亂世頻常。

亂見雄懦。

亂中求存。

亂終必平。

所以，亂，是因各地傲慢庸才的掌世，把原本靜世炒到沸騰，還不罷休。有慧眼的眾生，也能看穿披著龍袍的豺狼胡作非為，而雄心壯志的君子卻被唾棄在塞外。

眾生必須在這亂中勇往直前，不要被披了糖衣的君主謊言當營養，而是像任何處置毒藥一樣，丟進垃圾桶。眾生切記不要誤把任何凡人，儘管財深官高，當神來供奉。

那，眾生除了祈禱和平和安康以外，要如何呢？那就是認識世界的輪迴和自然循環，也就是有低就會有高，有難就會有和，有苦也會有甜，在亂世過後，君主和朝代變成歷史後，就會有新的朝代取代，而就會有興旺和安康。人類歷史一貫，從沒遠離過這事實。

籠地盛開

雖然傳說的中國是約五千年歷史，但那穿插了許多神話。甚至如果我們把舊石器時代算進去，就可能達一百萬年的歷史。不過，我是文人，以文字作為真正的文化評鑑，我就以有甲骨文依據的商朝為準，就有三千三百年的中華歷史了。不是小數字。

中國的諸多朝代，以商始，周，秦，漢，三國，晉，南北朝，隋，唐，五代十國，宋，元，明，清，演變到今天。

唐，也就是日本吸收和發揚光大的文化始源，當然也接納了西方文化，所以今天的日本有傳統的唐傳，也有百方的科技和風俗。宋，則是韓和朝鮮吸收的文化始源，在各地也能找到宋傳的影子。

經歷了這幾千年，我們炎黃子孫遍布世界各地，雖然不一定還保留自家的文化，甚至也已經混合了許多不同的血統，但樣貌，尤其基因，都是抹殺不去的。追宗，是每個人上了年紀會自然導航去的，好像指南針永遠都會固定一個方向一樣。

所以，身上流著是什麼血，也可以花點時間認
識自己，認識歷史，認識文化，認識語言，從
而更加包容，更加平靜，更加博愛。而認識自
己文化的淵源和深厚，會認識文化的健，堅，
全。

堅

人屬於誰？

人，屬於上帝，也屬於大地。

蕎麥麵的誘惑

窈窕淑女，君子好逑。自古以來，英雄難過美人關。那，這跟蕎麥麵有何關聯呢？

諸多麵類，唯有日本蕎麥麵是最低熱量的麵。

我們華人的麵，是比較高熱量的。年紀越大，在城市過著安逸日子的我們，運動量低，那很多飯，麵，馬鈴薯(土豆)，等等的碳水化合物，都很容易把我們越餵越胖。而且，隨著年齡爭上，很多跟肥胖的慢性疾病如糖尿病，就會尾隨了。

所以，對我來說：蕎麥麵可以滿足想吃麵的誘惑，但又不會覺得要過後惡補上運動或節食。

那細細的蕎麥麵，加上苗條的熱量，就彷彿是窈窕淑女，對嗎？誘惑養眼。

這是炸雞蕎麥面，加了日本甜薄豆干和日本滷蛋。很滿足的一頓。

悟厚道，務厚道

題了"厚道"兩個字。

厚道，其實展現國語的深奧。就看似簡單的兩個字，就好比乘法，把兩個單字提升了比山高，比海深。

老子言，"大丈夫處其厚，不居其薄；處其實，不居其華。"

那，厚道的人，如何詮釋呢？

還真不簡單，不是一兩個字可以詮釋。

這麼說吧。一位厚道之人，會有憨直，仁義，樸實。

憨直，就是沒有複雜有童真的直接。仁義，就是做人以仁以義待人，慷慨不計較。樸實，就是實在，接地氣沒有虛嘩。

但，以道家思想來延伸，我就大膽的詮釋更深一點。我們說，得道，就是悟道的人。而厚道，就可以說，是道中人，雖然不一定得道，但是肯定是道上之人，而且是里外滿滿的道，正在得道的途中。

悟道，也要務道：才是正道。

臺灣，鳳梨酥，福

想家。

有時就會找任何可以聯想到家的東西。

臺灣，不大不小，但可以單純的說，滿地黃金。

"黃金"指的是鳳梨，因為外皮就是像黃金一樣。而且，如果妳去臺灣，鳳梨會被用來代表好兆頭。

滿地，因為屏東，南投，嘉義，高雄，和台南，都是盛產鳳梨的地方。

但，鳳梨不是太容易處理的水果，我們這些城市男人，就不會可以去買和處理鳳梨。恰好其中一樣臺灣的伴手禮，就是鳳梨做的鳳梨酥，挺容易攜帶和吃的。不管妳喜歡茶還是咖啡，一小塊的鳳梨酥就可以成為下午茶小點心了。

一下子，就在中午吃了四塊鳳梨酥。

小生意人的勇氣

在疫情後的現今，其實已經有許多大大小小的生意都陸續關門了。

雖然後浪推前浪，不過新的生意沒有老舊品牌的信，也沒有厚實的客群。所以，要做新生意，是要足夠可以燃燒的現金頂過一段日子，也要逐漸建起品牌，慢慢有耐心地打響知名度。諺語說，羅馬不是一天打造的。所以，需要無比的耐心和勇氣。

那，有限量資源的小店需要具備一些什麼能夠走向有品牌和客群的成功之路呢？

一，人情味。

看臺灣的許多知名小店，都是因為人情味拉進也拉近了客群，從顧客變成了老朋友。習慣就是很強的推動力，因為顧客養成了來你店的習慣，不容易攻破。

二，推品牌。

很多小店不知道如何打響品牌，而偏偏在網路科技的年代，其實要小戶打響品牌來跟大公司競爭，是完全可能的。第一步不是社交媒體，而是自己店的網站。網站的一切永遠屬於你，不像社交媒體是屬於幾間大科技公司的，隨時可以把妳踢出局。切記。

三，小步走。

不要拔苗助長，也不要好高騖遠。一步一腳印是覺得慢和煩，但好的東西都是在平靜和小步變成世界的。看千年大樹，就是例子。大步感覺爽快，但往往在快的步伐，終究會犯很多商業誤判，最終失敗失望收場。

這是間可愛的新店。祝他們成功。

快炒文化

很多年前在大學的音樂系附近，有間煮炒店。

每次去那，就會點上幾道菜。廚師好像神仙般，沒幾下子，幾道菜就上桌了。還好美味的。

可惜，後來那間小吃店，就關閉了（還不是疫情期，是更早）。之後，音樂學院的附近就顯得冷清了。

今天，來這泰式小吃店，也是煮炒式。叫了宮保雞丁，泰式蝦仁蛋，和炒長豆。說實在的，味道一般，沒太入味，但分量誠意滿滿，很撐。價錢還蠻平價的。所以，估計還會光臨。

嘈雜，寧靜

城市，就是嘈雜的地方。電車，快鐵，火車，卡車，汽車，摩托，就變成城市的低音。人們的活動和談話，就變成了城市的高音。可惜的是，往往城市的聲音不能成為交響樂，而通常淪為沒規律的噪音而已。

在餐廳，閉著眼，我可以很快就知道自己處於何方，不需導航。原因也很簡單。

在日本，人們尊重禮節和個人空間，知道自己的聲音可以影響到別人。但，在新加坡或紐約，儘管也是所謂先進的城市，可是人與人之間，就少了尊重。打領帶長袖的男生，可以大聲嚷嚷好像在街頭喊賣，似乎不理別人的存在。這缺乏教養，不止洩漏了他們缺乏的家教，也反映這些地方缺了文化。

文化，修養，往往跟財富，文憑，和職務，一點關係都沒有。

鰻魚飯，加煎章魚，在胡鬧的嘈雜聲，自我定下來後，慢慢品嚐的。不錯。壓力下的頭痛也慢慢減了。

潮

今天題了這"潮"字。

今天有些感慨。發覺,自己天賜的第六感,往往是最準確的導航。如果到了一些十字路口或抉擇點,我就會有很強的第六感。我有時遵守第六感的方向,就會順利走下去。但,如果我用理智或推翻來抗拒我的第六感,最終往往會碰釘子。所以,以後我要常常提醒自己。

潮,就是浪。就像大海的潮落潮起,是一波一波的,不會有凝司的可能。

世界萬事就像潮,也是潮落潮起,沒有固定的結局,沒有一定的規律,也沒有停留的機會。

"你掌管大海的漲潮；當波濤洶湧時，你使它們平靜。"（詩篇 89:9）

所以，就像聖經裡的詩篇所言，我們需要知道自然界和人為世界的規律，和老天的設定，而從中找我們融入這世界的法則。

生活會有高低的時候。我們必須知道低不是永恆，所以不能氣餒和絕望，也更要知道高也不是永恆，所以不能放縱和高傲。在生活中找到平衡和謙虛，請老天給予能克服和走下去的路。僅此。

扶的福

扶，是協助，是幫忙，是伺候。扶，代表我們只是謙虛地為他人服務，不需任何回饋。樂在其中。

這，也就是為何"扶"是"福"了。

收到這可愛的溫馨禮籃，是一個天主教社會福利機構送來的，答謝我們為他們的機構奉獻無收費的公關和諮詢服務。我們並沒有巨富可以分享給別人，有的是我們的大腦和雙手。

謝謝主。

食，療

食物不是藥。藥不能多吃，只能在指定下吃。
而食物確是隨時都可以吃，只要妳餓了。而，
很多食物其實也有療愈的功能，就是食療。

日食，至少原始的日食，是清淡和不油膩的。
妳知道我們現代的鐵板燒，其實並不是正統日
食嗎？鐵板燒是一位日裔美國人發明的。所
以，並不能把油膩的鐵板燒當成主流日食。

日本有許多活上百歲的，也都是靠簡單粗食，
加上很多勞動和走路來的。要活的健康活的
久，就不能大魚大肉，調味過表，沉鬱菸酒。

最近在自己醫腸胃，就又來了一碗日式素麵，
有菠菜豆干蕎麥面，也是滿足幸福療愈的一
餐。

追(求)

昨天題了這"追"字。

人生應該有追求，而不是純粹追求錢。

世界上，沒多少真正有錢的人。這些人，變成了許多追求錢的人的"偶像"甚至當成"神"了。這些盲目追求錢的人，往往完全沒注意到真正有錢人的生活作息，只看新聞注意到了真正有錢人的淨值，沒有仔細觀察真正有錢人平時如何生活，而且如何致富。很多愚昧的人，也被媒體欺騙了。媒體是靠廣告生存的，而支付龐大廣告費的，就是奢侈品牌和消費品商。而真正有錢人，從來不是買奢侈品的群眾，所以錢累計起來。這生活價值觀，很多人都不知道。

那，你會問，真正有錢人在追求什麼嗎？他們追求的是自我挑戰，而不是錢，所以他們從來對買無用的奢侈品沒興趣。他們創業，買賣企業，討的就是這些過程中的快感，刺激，和學習空間。

我們，平凡的我們，也應該追求的是挑戰自己的能耐和極限，而累計的經驗和學習，就變成可以轉換成有用有價值的東西了。世界上，買賣東西不能真正賺錢。真正賺錢的都是靠腦袋來運作的，也是最不需要資本的。不過，這路不容易，需要耐力，虛心，學習，分析，演變，進步，時間。不是每個人都想那麼艱難的走。

但是，這就是21世紀以上的路了。早點可以接受，融入，和蛻變，就更有可以生存和勝出的空間，尤其是年輕的一輩，更要朝這大方向看齊。

註- 就是看了這年輕人開心地追求自己音樂的夢想，有感而發。我也是短暫的是個音樂人過，理解這動力。各位，加油！

冬至，吉至

冬至，是北半球族群比較重視的節日，也是象徵吉祥到來的節日，告訴我們的冬季的到來。

冬天，當然就是最冷的季節。所以，冬至也叫暖冬，就是提醒我們需要準備取暖來維持健康和作息。

冬至，就有"冬至大如年"的說法，就是說冬至有著跟過農曆新年一樣的重要。這習俗，在"漢書"就記載了，說"冬至陽氣起，君道長，故賀"。

我們北方人，在冬至，會吃餃子，也會吃湯圓，代表的都是吉祥的意思。圓，代表了家人在一起，互相取暖，一起享受小點。

祝福各位冬至一家安康，笑容滿滿，來年順利。

新年的加持

新的一年，我們華人總會給自己加油打氣，灌輸自己從好的方面去想，從而用自己的腳步走向心裡憧憬的畫面。

累了兩個星期，這是新年的第一個上傳，以這茶和境，代表來年有甜蜜的環繞，濃濃福祉的滋潤，和祥和平靜的溫暖。祝大家安康順心。

他鄉的曙光

在那遠方，已故的親人的家鄉，也已慢慢見到點曙光了。也希望可以和這片大地再會，看看爺爺奶奶在那片土地走過捱過的一切地方。

息

僅僅兩天，就把我從平靜推到懊惱，就為了網
路供應商的前線工程師沒能好好服務一個像我
的老顧客，拖了兩天的零服務。把我在忙碌了
兩週已經疲憊的心身，拉到谷底。

今天一整天，在肅靜的辦公室裡，陪伴我的，
就只是微微的冷氣機聲，一個人都沒有，彷彿
回到了疫情渦流中。但，也因一個人，就走回
到了自己的平靜。也在今天下班後，網路的一
組器材更換後和重新設定後，也回歸正常。也
就在天黑了後，感覺又浮起了心跳。

這"息"是百種涵義聚一身，是呼吸，是靜止，
是祥和，是成長，等等，好多意思，都是在經
典的文物，如"廣雅"，"釋言"，"秋水"，所描繪。

祝各位在百忙千愁之間，能找到屬於自己的
安，靜，祥，生，成。

啟發的空間

有需要靈感的時候，往往腦袋就是跟我們對抗的時候，做了暫時的敵人。

這時候，沒意思拼，就要尊重老天的意願，去放鬆一下。

今天，就是這樣的一天。就漫遊到這間從未去過的書店。很寬闊，兩層樓，有小咖啡廳，很優雅的裝璜。看書籍的種類和多數是簡體字的版本，估計是內地老闆開的。

很久沒畫畫了，就找本書來養神。找到了本可以隨意翻翻，有對題的書。現在可以吃頓飯，過後繼續衝刺了。

節日，提醒

農曆新年又要來了，就緊跟的2022年的尾巴後面，迎來蹦蹦跳跳的兔年。

人生道路不會平坦，不管貧富。任何人都會經歷無可預測的風浪。所以，其實人生，就是磨練我們的一把刷子，把我們銳利的菱角刷平，把我們的起伏彷彿是毛躁的捲髮刷平。最後，在我們選擇謙虛的人生路上，就會更快看到曙光和祥和。

謙虛，就是我們最厲害的營養補充，比任何霸氣和野心都有能把生命調和的持久性。

這大樓的大廳，就在每個節日前，提醒我們又一個節日腳步的接近，慢慢幫我們調節步伐，想著該把生活裡的雜物雜念清除，掃走累積了一年的晦氣和矛盾。其實。。。是不錯的。

祝各位來年新氣象，能像兔子一樣活潑蹦跳，也持有像兔子的溫順，會是在社會裡謀生一股溫深的力量。

春夏秋冬的圓滿

祝你們農曆新年一切順心安康，喜悅如春，活力如夏，耕耘勝秋，收穫滿冬。

人日，人勝

正月初七，是人日，也就是傳說中的女媧造天地，在第七天造了人。所以正月初七在傳統上就演變成了每個人的"生日"。

我以洪武年代的大寫字體來題這"柒"，代表小寫的"七"。以字形，在這天，祝你福如細水長流灌溉，康壽如樹木茁壯厚實。

看得開的自由

人與人之間，其實追到底，就是一個字，情。

親人之間，可以有淡如水的親情。親人，我們無法選擇，是老天安排的。親人，就像我們自己一樣，不完美：有很多黑白灰的皺褶。在最煩的時刻，我們或許會想離開，但，就算離開，這親人永遠還是，親人。

情人和友人，是我們能選擇的。在我們摸索，包容和瞭解下，或許有些情人和友人就會陪我們一會兒，甚至一輩子。其實，我們選擇的，就需要我們的謙虛和同理心去關注和愛護。

但是。。。世界也不完美，至少以我們凡人的觀點看是這樣。所以，儘管有些情人或友人，我們盡了全部精神去維持和提升，還是以句點收場。這，是正常，所以我們只能邁步向前，把好的留著，不開心的，就遺忘。

所以，在環境和社會的磨練下，我們原本傲慢的稜角就被老天設計的人事物磨平了。剩下的，就是圓溜溜，光滑的明珠，可以用智慧，善心，甚至博愛，來看和照亮這大世界。

這，是種自由。

平衡

對我來說，忙，是正常。閒，才是反常。忙裡
偷閒，是我解壓的方式。

我平衡在文武，或科藝之間，每天瞬間頭腦要
急轉彎做抉擇，不是簡單的事。所以，在任何
空隙中，我會找機會舒壓。

小吃，是一個不錯的方法吧。我不會吃太多，
因為味道，服務，環境，對我來說，相對比較
重要。

服務員溫馨送上的百香果巧克力小餅，加上百
香果冷飲，在酥筋的背景鋼琴音樂下，是很解
壓的。謝謝。

腳步

在這有點舊的大樓開小公司，從零做起，呆了20年。

經歷了好多風雨：經歷了人情冷暖，經歷了喜悅惆悵。這地方，能說沒懷念嗎？現在，就只剩下一堆土石了。

這彈丸小國，對我來說，最不好的就是翻新棄舊的步伐太快太猛，好多老地方都一一被打垮打平，毫無痕跡。

說真的，我不喜歡。

反觀北上的臺灣和日本，好多地方都還在，幾十年依舊。我喜歡這種穩定和踏實。

簡之樂

今天題了這"簡"字，是借書法家顧藹吉的寫法
演變的。

簡單其實就是福。在複雜繁華都市裡，擁擠的
人潮，喧嘩吵鬧的環境，往往需要我們自己能
定下心來，找到自己內在的平靜和禪心。這是
需要慢慢培養成能很快的把五花八門的躁雜，
過濾和沉澱，剩下一種淡定。而兩樣必須的胚
胎，就是謙虛和從簡，才能讓我們有原動力培
養成在萬物皆喧嘩的環境還能找到心定。

這一餐，也好簡單。就是鄰里的小吃店，快炒
了一盤酸甜雞飯。

簡單，就是福。

雨之情

今天題了這"雨"字，靈感來自馬王堆漢墓帛書的字體。

雨，對我這北方冬季小孩來說，是舒緩的，尤其生活在介於炎熱和悶熱的熱帶小島。

雨，可以帶走壓抑的沉重負擔。

雨，可以抹去應該離開的失落。

雨，可以重啟微薄力來撥千斤。

雨，可以喚醒解離題的創造力。

慢步，漫步

慢

今天題了這"慢"字，有點敬世江書法的味道。

忙碌。。。不是我們選擇的，但是確實是責任，完成別人寄託的期待。

所以，能有幸能在一天的繁忙，找到時間的空隙，就要把握，把步伐慢下來。放空，也無妨。世界不會因為我們的快，或慢，而靜止或加速。世界，只會依它的時間前進。我們，就以我們的步伐，前進。

一壺日本麥茶，慢慢品嚐。

臺北，地鐵，高鐵，便當

好懷念老家，尤其暖情的老百姓，和地道親和的飲食和街坊。

在我現在的小地方，地鐵最快也就90公里小時，說方便也不完全是，尤其天氣惡劣的時候，走幾步也就火氣上了。

在臺北，高鐵以350公里小時的速度，就兩個多小時就抵達高雄，甚至連內航都免了。多方便。連便利商店也是如同日本，處處皆是，超方便。

想想在老美地區，到處都需要飛行，或開車，不是被航空系統折騰成灰，就是開車開到形如殭屍。

最近叫了這打著"臺灣地鐵便當"的鼓子的一盒雞腿便當，有鹵勺飯，酸菜，滷蛋，真的好想家。。。」

土耳其的風情

對於一個歐亞混血小孩來說，飲食文化就應該是多樣化和不同層次的衝擊才過癮。

從小，我就喜歡嘗試各種不同的東西，也包括飲食。我是有點挑食，不過也是不喜歡油膩的食物為主。

土耳其地理位置特別，是歐洲和東方的中心，具有各國的風采融入這個大染缸。土耳其食物多樣化，有色香味俱全的特色。往往也是吃了就很有飽足感，也不會覺得油膩。

今天，在忙下一宗前，來了這土耳其烤牛羊肉飯，加上鷹嘴豆泥和芝麻香麵包，就是豐富美滿的晚餐了。土耳其飯比我們炒飯還香，也不油膩。麵包也是吃了還想吃，只是肚子撐不下了，要還可以穿上制服。

幸福的一餐。

擁

今天題了這"擁"，代表擁有。

今天忙完了以後，躺著看著天花板，腦袋就浮現"什麼是擁有"這行字。

可能感慨吧。我們在人間浮沉，拼了老命換去該得的酬勞，也需要看很多人臉色。

A) 看某些人，認定了財富能改變別人對他們的態度。這些人，認為擁有物質越多就越幸福。

B) 而另一些人，卻不需理會財富的多少，追個平安惜福，就滿足了。擁有這回事，對這群人不會有太大誘惑。

你認為A還是B群的人，哪一方會真正快樂的呢？其實，看周圍，事實就很明顯了。

看有財勢的少數人，不是跟至親搶財逼勢，就是追殺對手逼人到絕境。最後，這些人永遠都需防人，直到死為止。幸福嗎？所以，擁有物質並不代表幸福，往往反而不會幸福。

追平安。追健康。追情愛。就算碰了壁，還是幸福的。

零壹，黑白

今天，公司的玻璃門鎖好像壞了，不能很確定的開，有時能開，有時打不開。

在我的世界裡，有兩個不同的境界。

對事，我會冷靜，我甚至會冷酷。我自閉的那一面就發揮的淋漓盡致。我會以零或壹，黑或白，來看事，然後果斷處理。畢竟，我工作的世界裡，需要我擔當得起，不能怠慢，也沒有蠕動的空間。所以，在工作，我是一板一眼的，就像電腦式的零或壹。

但，對人，我會慷慨，也會輕易地發揮同理心，尤其對於弱勢群體。我就會輕易接受人的不同，不管背景。

畢竟，我走過那樣的路，是過來人。在我最低落的時侯，我慶幸有人伸出一把手，有力的拉了我一把。那時的我，儘管多倔強多自閉，都哽咽地流下兩行熱淚，擋也擋不住。老天對我不薄，在人生幾個關卡都最後迎刃而解，也感激這些貴人的胳膊和溫暖。

所以，經過一大半的人生，我只能感激，也知道，世界很大，但也不大。走到哪裡，都會經歷難題，會有人幫助，也會給我們幫助他人的機會。

人，就是來這世界還債的。每個人都不例外。有時，你好一點。然後，別人好一點。每個人都是浮沉和快慢的步伐，就像浮萍。

唯一的舵，除了老天以外，就是只有我們人類有的靈性，可以選擇大我，選擇捨棄，選擇犧牲，給我們每一個人都有登聖堂的可能。選擇，在我們。

功成

天地熱騰嚴夏欺凌，

提筆墨佈百張宣紙。

功。

綠陰偶現石路鞋輳，

耗盡庸才著書聚字。

成。

痴心妄想

痴心妄想，如果用谷歌自動翻譯，就變成 "wishful thinking"。從英語的意思看起來，好像沒什麼痛癢。

但是，如果你把"痴心"和"妄想"分開來分析和翻譯，那其中的意思就嚴重多了。

所以，痴心妄想其實應該翻譯成 "impassioned delusion"。這，就是蠻嚴重和擔憂的意思了。

溫順

今天可能太餓了。。。

狼吞虎咽地把這日本牛肉飯，和炸章魚都吃了。感激有這樣滿足的下午餐。

人啊，其實可以很簡單地續活著，很簡單地開心著，很簡單地埋頭努力著，很簡單地沉澱著，也希望可以很簡單地祈禱著。

簡單，其實不簡單。許多巨富高官，都財權皆具，但，因為把靈魂奉獻給了那古老的魔鬼，早已被自己的複雜給自欺了。

記得：溫順的人有福，因為他們必繼承大地。
(馬太福音 5:5)

得失，進退

今天，好累。一個拖了很久自己事業上的事，終於可以放下了。在商界，我們需要明白不是每個客都該留，也不是每個機會都是該追的商機。有失，但老天也會恩賜一些來彌補。在放下不好的東西時，累贅我們的包袱，就頓時減輕了負擔，我們也就可快步前進去闖江湖了。

今天，拖著一整天的累，走到這家臺灣式牛肉麵店。就在要點飲料時，店長悄悄說不用點飲料。她說有緣，贈了熱豆漿。好幸福。

零售業的競爭和贏家

剛去這電器店看東西。跟一位認識蠻久的銷售員寒暄了蠻久，談國際政事，內地狀況，和行業的情形。算是老朋友了。他也滿頭白髮了。

看了這幾幕蠻久了，剛好大減價。買了以後，三位員工圍著一起幫我綁好這大盒子。然後一位小美眉銷售員說會送一個手托車，還說可以幫我推到計程車站。真的整個團隊服務一流。非常感謝。

這年頭，行行競爭激烈。好的員工也難找難留，畢竟每個公司也都不是平步青雲了，不能隨意加薪多利。

所以，競爭力強的公司，必須有好的系統來支持員做好工作，不會給他們額外的阻力。而好的員工也就是工作能力好以外，服務態度也要人性化：有親和力。是難，但必須。

"劣" 等廢塵

今天一天的忙碌，也跟同僚面對一群無理取鬧的人。就題了這"劣"字。

子曰：近之則不遜，遠之則怨。不是沒有道理。

現今社會，有兩種人。多數人靠手吃飯，也就是靠賣力勞力換來辛苦的酬勞。少數人卻是靠口吃飯。

在靠口吃飯的人，有勤奮促銷的行銷人員。這是勞力換酬勞，無過。

但，就有一種劣等人，也就是孔先師言的小人，用口"吃飯"，靠的是把沒事變有事，小事變大事，唯恐天下不亂。處處為難別人，狐假虎威，尤其在大機構或公家躲著苟且偷生。

這就是為何我們不需把自己拖入這些劣等人的泥沼裡，也不需浪費我們的時間。畢竟，這些人的時間如糞土。但，我們總該把自己的時間當碧玉。讓這些人去嚷嚷，而我們需要大步跨前，把這些人當塵埃廢棄。

人善惡

昨天熬過了很辛苦的一天。我們團隊遇上了一些無理取鬧的人，還是政府大機構的資深人物。我發覺，很多這類人都沒多少斤兩，只能狐假虎威的欺負人。也只有在這些時候，我發覺我需要祈禱，把怒火撲滅，把仁慈深入心中，而不是掛在嘴邊。

今天，雖然頭要炸了的痛，但還是需要培訓一位資深客戶主管。祈禱了以後，去了培訓地點，發現這主管人很溫和謙虛，是個好人。所以，昨天的一切都被今天的善待和交流給沖走了，換來的是和氣平靜的累。

在任何地方，我們需要給自己空間消化不好的人和事，然後修補情緒，繼續面對世界。說不定，下一站就是遇到善良的人了。

人間，仙境

其實，我不是不知道，以一個在18歲讀完佛教完整的大乘經書和藏密的諸多經書，加上後來完成神學院的終極學位，應該對人生和世界有點認識。但，我不是聖賢，所以還徘徊這世界遊走。

如果你問我，人間跟天堂有分別嗎？

那，以一般人的想像，人間跟天堂離開很遠，就像佛教講的西方淨土跟凡間距離很遠一樣。

但是，其實，天堂就在人間，因為路加福音17:21就肯定了，如果我們看清楚，認識主耶穌，那天國就在心深處。所以，不需要看遠方，只要心沉澱了，其實我們可以認知主是永恆的在我們左右，就像愛爾蘭聖人聖帕特里克的洛里卡祈禱描述的。

我們都在人間浮沉。我們也會被打倒，會落寞。但是，只要我們找機會沉澱，那，人間，天堂，就是一線之隔。

世界的小，人性的茫/盲/莽

其實世界很小，在各種交通運輸的技術下，沒有到不了的地方：只有想要還是不想要去而已。

但，卻在這因為科技而逐漸變小的世界裡，卻有一小蓋人，因為貪婪權勢和財富，就故意把人與人的關係搞砸，然後毀壞世界。

這批人，衣鮮語妙，縱橫世界各地，坐在甚至消耗老百姓累計的國富，左右世界的動向。如果動向是為民，那還好。可惜的是，幾乎多數都是害人害己的愚蠢事。但，在權力是架在槍桿上的世界，老百姓也只能默默忍氣吞聲。

世界有很多智慧，我們應該把全部能用有用的收為己厈。我們不需要糾結是誰緣起的，或被文化信仰和理論而止步。能用，就用。

某些人羣，盲目追求強勢，最終也只會敗落。我們需要看清世界，看清愚蠢，看清空殼，然後勇敢穿過。過了，就是清澈見底的智慧足以讓我們繼續下去。

實在

現實生活裡，往往沒深入研究任何事的人群，很容易被媒體和門面給矇騙了。

在疫情前，很多人都會盲目崇拜一些社會人物，以為他們能領導群眾到光明。最後，事實擺在眼前，就只有一些被媒體和小眾抹殺了的學者和專家是真正懂得事情的來龍去脈。而到了現今，他們才慢慢地被重新被認知。可悲的世界，更可悲的盲目人群。

在這幾年，我們也漸漸看到，那些花大手筆的科技和國際公司，甚至普通人以為屹立不倒的金融業，也都逐漸裁員，縮小，和倒閉了，什麼虛假的門面和光環都暗淡消失。

人要懂得自己研究和分辨。不是大眾就是權威或是真理。

往往在被埋沒的小眾，才能找到真理。門面是最不能鐵定一個機構的實在或沒落。

知識就是力量

這盤鹹魚雞肉炒飯，看似無奈和邋遢，但是，味道不錯，吃了實在。這，就是世界的道理。

世事難料

在1984年服完兵役後，出來社會，就是1985年的世界經濟大蕭條了。投了幾百封求職信，打了幾百道電話，每天翻報紙找機會，都是碰壁。

就過了一段日子。反正沒事幹，就去讀保險課程，加入了一間那時算是業務不錯的美國壽險公司的代理公司。每天打冷電話給不認識的人，也因不敢麻煩認識的人，所以也是天天碰壁。呆了幾個月，業績好差。那時也繼續找別的工作，最後終於加入了間政府機構的科學測試實驗室公司。雖然薪金幾乎不合理，但至少是個工作，也就那時繼續夜校續學了。

經過那時那間保險業務代理公司的所在地。過了38年，這棟樓居然還在。很多大樓，包括我自己顧問公司的那棟，也在疫情時拆了。

世事真的難料。

忙中求定

這間茶店是我經常去的歇腳地，在每天的繁忙中，沉澱在這幾米大的溫馨小店，呆上片刻。

其實，忙不是錯。忙是有努力的證據，尤其是正面和有建設性的忙。盲目的忙，或虛假的忙，那就不算。

不過，在每個人真正努力而忙的背後，也要記得懂得修復自己。有了休息，正食，活動，才能好好地走下一步。人啊，每天就是勇往直前的好好實在地跨前每一步。

而定，就是能夠讓我們在任何忙和不忙的每一刻，都找到一個穩定的軸，認知我們的方向。

助，祝，駐

在我們每天忙碌的日子裡，其實這世界的種種就會隱匿地逐漸改變我們。我們小時候的童真，也在日夜消耗下，早已埋沒或消失了。

但是，儘管我們多繁忙，多迷茫，我們內心還是會有一把尺，會衡量世界的長短，和人的虛實。衡量後，我們的良心是會激發我們想盡點愛心。

今天，就跟一個天主教屬下的慈善機構的幾位主管，一起在用午餐的同時，討論下來的節目和計劃。他們請我們到這間日本餐廳。我點了鰻魚飯，我一向的日式選擇。

走出來餐廳，就在想。

我們在幫助別人或弱勢群體時，記得他們都是需要我們的祝福，禱告。在這緊張和動盪的世界裡，也記得我們要持之以恆，不要三分鐘熱度，也對這些生活旅途中的人負責任。

大愛需要持久，才會慢慢地影響和給予力量。

多少的智慧

冷嗎？不冷。不過雨天其實是我們都需要的。
畢竟，沒吃，死不了。但沒水，活不了。在任
何地方，有水是種福。

但是，任何東西過多了，就不怎麼好了。反而
是禍。在任何極端，我們都需要小心。

家務，務實

家務事是現代人的楚河漢界。有些人不做家
務，會推給外人幫忙。但，也有因為需要，才
自己做家務。

我，都不是。疫情前，我每星期都兩三次上健
身房做重訓。重訓是我18歲就開始的。但在疫
情時到現在，因為到處瘋狂無厘頭的鎖城，就
只能困在家裡在小空間裡做原地運動。而打掃
也成了一門補助的有氧運動。久了，也變成習
慣了。

家務也可以有趣，就連洗碗也可以有點小樂
趣。就像這洗碗的海綿一樣。

端午

端向遼闊，

午陽萬丈，

節臨吉祥，

快馬加鞭，

樂滿福罩。

祝各位端午節快樂。

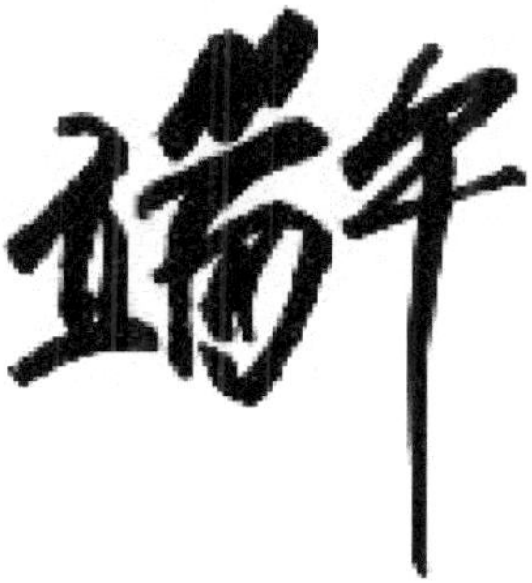

人生，茶葉蛋

臺灣是我老家。我從小記得的東西很多，但是茶葉蛋是其中一樣淳樸但又美味的小食。

有位老師說，人生就像茶葉蛋，要有裂痕，才會入味。

人生就是這樣，起起落落，只有老天知道下一秒會怎樣。我們只能勇敢地面對一切，和祈禱有足夠勇氣和耐心。

而在每件挑戰的終點，都是欣慰和成績。

溫度，溫暖

在世界各地，人都有溫度，只是幾度的問題。

有些人對你，就是冷。無論你如何交流，還是感覺寒冰攻心。這就是典型的冷漠和無情，也說明了這人的自我和自私吧。

有些人對你用足敬語，也給足禮儀，但是就還是感覺沒什麼溫度。這就是披了糖衣的虛偽。這在服務行業尤其普遍，不過也怪不得人，畢竟有感情需要兩方的誠意墊底。

有些人對你看是苛刻，但是確實苦口婆心，心底是炙熱溫暖的，只是表達方式古板吧。看久了，或許你就悟出這人對你的真誠。

有些人對你就是溫暖，有溫度，有熱情。這或許就是緣份吧，難得。你就應該回敬這人的溫度和溫暖，在路上就或許慢慢地多了一個伴，扶持和加油打氣。值得珍惜這樣的人。

安逸，慢慢的吃

在工作裡，吃飯是奢侈，空間也是奢侈，寧靜更是奢侈。

所以，任何離開工作崗位，能在少人的小地方，慢慢悠閒地吃飯，就是極大的享受了。

在這裡，聽的到一些談天的幾個人，咖啡機器的默默耕耘聲，和淡淡的背景爵士音樂。在我周圍，一個人都沒有。對我這自閉——族來說，就是天堂了。

點了一盤馬來式的炒飯，有炸雞腿，馬來沙爹（烤肉串），酸菜，油炸餅，和煎蛋。也叫了我需要的冰黑咖啡和喜歡的氣泡礦泉水。完美。

路加福音17:21說過，天堂就在我們心中。

我覺得，凡事都是如此。路走累了，歇一下，養好精神，餵飽肚子，再繼續走。就這樣，一步一步，不知不覺，就走了很遠了。

繁，煩，凡

繁

最近忙著的時候，遇了這"繁"字。

在很多事情聚集在一起，成了繁忙的情形。而每件事都爭先恐後需要我們處理時，是會偶爾感覺喘不過氣的嗎。任何人都會，儘管有準備。

這些時候，第一時間我們可能會感覺煩躁。而煩躁永遠解決不了事。煩躁會模糊我們原有的理智和焦點。很多人會因為煩躁而壞了事。

我們都是凡人，不是超人。很多人誤以為有多任務處理的超能力。其實不然。我們人類的腦袋，是能很快的處理事情，但是記住，不是平行處理，而是一步一步的把每件事的小部分處理掉，然後最後完成整件事情的解答和處理。

173

不管你自認多厲害或高智商，都是一樣。沒有例外。

所以。。。慢慢來。深呼吸。甚至偶爾停止腳步。歇一下。喝杯茶。吃點點心。然後，精神養足了，站起來，挺胸，繼續面對世界。

世界在。天在。地在。你我也在。就行了。

接地氣的高難度料理

我會煮，尤其意大利麵和洋食。所以，很多地方簡單的意大利麵，我會覺得是普通的。

這酒店的小咖啡廳，來過很多次，多數吃三文治或魚和薯條，從來沒吃過他們的洋麵。

今天，因為不舒服，不想吃炸的，而我喜歡的火腿三文治也沒有了，只好點了他們的 Carbonara 麵。

沒抱什麼希望，就想填飽肚子。來的時候，濃郁的芝士味，捲起麵送入口中，是眼睛突然睜大的味道。麵完全是合格al dente，也就是嚼勁100分，加上濃郁厚重的汁，不會濕嗒嗒的，就一口一口持續到空盤。讓我頓時回想我在羅馬和梵蒂岡的時候，享用道地的簡單在地麵。

簡單很難，往往比虛華的堂皇來的高級和困難。是要靠真功夫的。贊。

樂，樂

說到愛好，很多人就會說，旅行，收集，吃喝，等等。

但是，對"愛好"，我的定義比較嚴。任何不需要把精神，時間，毅力，和好學，投入到愛好，對我來說就不算愛好。買名表和包包，除了口袋深以外，根本就不需要真正犧牲很多來配得上如琴棋書畫般的真愛好。

音樂是世界上最容易引起共鳴的學問，但也是最靠自身毅力和紀律來達到一定的水平的。我曉得，因為小時候學過小提琴，很難，很靠紀律和恆心。後來長大了，學了薩克斯風，也是很耗時間和精力的。

剛去買淋浴管子的時候，剛好遇到這位氣質美眉，在微雨的天氣下，優雅地彈著古箏。人美曲甜應該可以描述劃過我腦海的那一剎那。就大方地賞了她一些。祝她繼續努力，不要放棄對藝術的執著。

必要的支持

每個人都有根。這根，是永遠抹不去的基因。

在二戰過後，日本經濟完全崩潰。但是他們國人的企業，一步一腳印的成長，而他們的國人也支持本土企業，支持國產，導致後來日本的汽車和電器就逐漸從國內需求，慢慢進步，到了世界都喜歡的產品。韓國也是，在韓戰後，國民把自身家當奉獻給國家，慢慢從戰爭走出來，以致後來韓國也成了電器和科技勝利者。國人的支持，是支柱，是棟樑。

最近被不平打壓的華為，從低谷走出來，漂亮地發表新的手機。不是一隻，而是三款靚麗酷強的手機，對不同客群而設。試過的博主和記者也都覺得儘管晶片不是權威性的，不過在四面楚歌的情況下，還能設計和生產可以伺服現代手機用戶需求而且還能在寬屏和衛星連接使用，是很值得敬佩的。

剛忙了一整天，累了，走到了超市，看到了這從沒見過的大白兔冰淇淋，就馬上買了。那熟悉的味道，很舒服，很療愈。雖然留著一部份的外國血流，但是一大半還是黃河子孫的血，也應支持國產品牌。也沒委屈，反而要說這是好吃的。

177

湖南的味道

以前奶奶，媽媽和阿姨都在世的時候，尤其我還小的時候，那時就有一個熟悉的味道環繞餐桌。尤其是餃子。

後來阿姨過世了，英年早逝，而媽媽跟我都來到了南洋。爺爺奶奶就繼續在臺灣。在這裡，媽媽以前年輕的時候，幾乎每個週末，她都親自趕麵團，做手工麵，和那熟悉的餃子。

奶奶是湖南人。那濃濃的鄉音永遠跟著她。她也從來沒改正過口音。我媽媽也有點鄉音，畢竟爺爺是湖北人，湖北和湖南的口音蠻相似。

而我至今都大致聽的懂。到了今天，如果有人在附近突然說起了湖北，湖南或重慶話，我都會耳朵一豎，一股濃濃的懷念就湧上來。

今天，我漫步到了這湖南小吃店。因為晚上要忙，就請店長把菜都不加辣。這炒茄子長豆，芹蔥牛肉，和雞肉香菇餃子，就馬上有了懷念故人的心，把那燙燙的餃子塞滿了口的一刹那，我覺得我眼睛泛了點眼淚。

媽媽，奶奶，阿姨，想妳們。

擦亮了鞋嗎？

小小的動作，就可以看出一個人對大小事的態度。

在繁忙中，我們很輕易就把小事忘了，也把大事簡化處理了。雖然在一樣忙碌的其他人眼裡，他們或許不會注意到這些細節或被簡略過去的事物，但是在時間的提煉下，這些忽略機會越來越放大，直到別人不可能忽視為止。到時，我們就不可能狡辯這些省略了。

所以，把每件大小事給予適當的處理和呵護，養成了習慣以後，就不會覺得是苦差了。

就像簡單的擦皮鞋一樣。習慣了，就是舉手之勞，輕易兩分鐘就可以解決的事。擦亮了，就可以出門了。

小小的麵，大大的情

祖國很大，有時看著電視或油管節目，琳瑯滿目的大江南北和人文景色，不時會被感動。

儘管我現在感覺八國聯軍的欺壓好像又重現了，但是中華子女的堅韌不拔和尤其在外勢力欺壓下會浮出的團結，會讓我感覺這民族可不是隨便一群小眾就能絆倒的。

就帶了這看似簡單的杯麵，想試試。其實很簡單，一小包類似米粉的麵，一包調味粉，一包辣蔥油，就是全部了。比起一些臺灣和南洋的本土杯麵，佐料是蠻基本的。

加了熱水，等了幾分鐘，就一股麻辣味浮現。吃著這一小團麵，蠻彈牙的，味道也是麻辣的香，然後一口一口地，我頭就開始冒汗了。是好吃的，儘管很單純的一小團麵。

還是餓的哦。就要出去吃點別的了。不過，這小小的麵的背後則是滿滿的情。

詐騙盛行

在任何社交媒體或網路平台上，往往會有人看起來是一回事，但過不了多久，狐狸尾巴就露出來了。

其實這些詐騙集團，不外是想看一般人都會受誘惑和有貪念，以為天上掉下大餅。可是，只有任何人冷靜思考，不難發現老天沒那麼疏忽會讓我們隨便不用勞力就可以躺著享福。我們東正基督教就懂這人生道理。這條命，是拿來祈禱和懺悔的。

禮貌退下，也不要惹這些爛命一條的人，畢竟法律會追上他們，最後都是悲劇收場。而我們這些普通人，要記得勞力才能換取酬勞。

心煩，心凡

大雨會把感情放大。但是對我這來自北方的小孩來說，我寧願冷颼颼的大雨，也不要陽光燦爛的大熱天。

在這幾天工作的心煩上，加上似乎無止境的頭痛，的確需要某種療養了。而食物就是我們一般人最能在十幾分鐘得到小確幸和溫暖的東西了。

來了這間不起眼的小咖啡廳，沒任何期望下點了意大利麵和咖啡，就尋個溫飽。但是，出乎意料，熱咖啡陪上了濃濃菜湯，然後專業水準的麵，就很令人驚訝了。

吃完了，心裡溫暖了，然後看著周邊在忙著打手提電腦的人們，嗯，自己是幸福的。

勇敢的活著

剛拖著疲憊的身體回家，要進電梯時，看到一位兩手各一隻拐杖慢慢一步一步向前的中年男士，和隨後跟著他的家人。我猜他應該是中風後在慢慢恢復中。

我按了電梯等他們慢慢進電梯。這男士體積蠻大，很不好意思的說了對不起。看了一下，他應該是需要出門，家人陪著帶著需要的東西。

你或許也會問，為何他不用輪椅呢？甚至電動輪椅？我猜他是逼自己用拐杖走著來復建，而不是靠輪椅。這樣，他就能更快的回到能不靠拐杖和輪椅的時候。

所以，我們在日常生活中，都需要勇敢面對任何挑戰。生活不會簡單或容易。每個人都有上帝給予的不同的挑戰。我們不能走捷徑，只能拿出我們的勇氣向前。這勇敢，每個人都有，是看你想不想而已。

給每個人一個祈禱和祝福，你能在任何一個艱難的時刻，拿出你內心一直都有的勇氣。

忙完了，就自己煮了簡單的晚餐。

菠菜意大利麵，鵪鶉蛋，鮪魚碎，海帶。

先用只夠覆蓋麵的水煮了菠菜意大利麵，加了鹽，蒜末，和海帶，熟了後，稍微倒掉剩下的水。再加點酪梨油把麵繼續煮一下保持麵條分明。

然後把鮪魚碎加了少許乾辣椒，胡椒，番茄醬，羅勒，芝麻，快炒了一下，再加了鵪鶉蛋。然後把麵呈盤，把鮪魚碎和鵪鶉蛋加入。

就可以吃了。儘管賣相不好，但累了誰會在乎。是好吃的。

服務態度退化論

我在1990年代在美國顧問公司呆過,那時本地國航和政府生產力局合作設立了服務品質中心,是要把服務的精華帶到國內每個角落,不管是零售:飲食,酒店,航空,等等。

那時,一般的理論是覺得服務有失水平通常是前線員工的疏忽。

但那時我年紀才20幾歲,我已經認定是系統,步驟和程序的不足導致的,而這些都是領導的疏忽或行政選擇。後來在這意見分歧的情況下,我走出了這環境,自己研究和撰寫了完整的訓練系統和出了書,就是探討系統,步驟和程序的問題和需要改正的觀點。

從90年代到了現在21世紀,那這裡的服務水平有進步嗎?我覺得整體上沒有。有少數人是打從內心正能量出發的會呈現超好的服務,但不是系統性的全部前線都能做到。

在疫情打垮很多服務行業時,會感覺前線人員把顧客當寶。但現在,疫情漸遠,反而覺得很多地方,傲慢的惰性又回來了。有點失望和無奈。畢竟,小地方沒什麼可取,那就更應該服務比誰都好。

這日式餐廳，我問前線員工可以點餐嗎？她冷漠的回答卻是，"你不會用手機點餐嗎？"

在我試過的很多小吃到餐廳，請員工服務並不是問題，他們都樂意。所以這間餐廳的員工態度就很欠水準了。而且，這位還不是菜鳥，而是一位有年齡的女士。所以我愣了一下，就無奈自己用手機點餐。估計不會再去了。

服務需要態度，修養，和同理心。這都是個人文化和長輩的熏染，不是上課就可以的。看看日本和臺灣各類店商的服務態度和水準，就能理解了。沒有捷徑，只有努力。

送瘟，贏(迎)幸

在過去幾年，尤其疫情到處鎖城還是，很多人都停工甚至丟了工；也很多企業虧損慘重和倒閉，甚至老字號倒閉都有。這瘟疫雖然其實就是一般流感而已，對我來說不需那麼大驚小怪，要平常照顧身子就多半可以應付。

也在疫情同時，發現有些人其實就不是那麼一回事，在疫情逐漸嚴重的情況下，看清很多人。所以，在那時期和世界都舒緩後，也慢慢送走了不必要的這些瘟神。

畢竟，人生苦短，要好好照顧和愛自己，就像航空狀況我們應該先照顧自己才能好好照顧別人一樣。我們不可能沒有先自愛，而指望別人愛我們。我們必須已經有自己原生的內在的愛去付出，別人才會被感動到和起共鳴。

幸福，往往是送走內心的黑暗後，才能打開心房，有足夠空間迎接未來。

因果的定數

今天有感,題了這兩個字。

世界不小,但也不大。在任何權勢廝殺的環境裡,不管是小社群,企業,政治體系,甚至國與國,都會有許多看似弱肉強食的傾向。

雖然還是會有和平共處的交流,但也在大環境一些勢力的慣性,也會導致許多人誤以為人能勝天。

馬可福音10:18就提醒我們，我們很微小，只有天父為尊。但是，多少為權力和財富沖昏了頭的人，騎在眾人之上，會有這虛心認知自己也像全部人一樣的渺小呢？

雖然沒有輪迴，但是，因果是有的。我們沒有任何權利去掌管審判和行刑，因為使徒保羅羅馬書12明確告訴我們，審判和刑罰屬於上帝。

所以，儘管世界上有任何不平，我們應該虛心祈禱，請老天為我們做主。

最終，以我這過來人，老天總會把正義歸還被欺壓的我們。

兄弟的故事

我是家中老大。

三兄弟從小還算和諧，只不過我們是根本差異大的人，所以意見很難一致。簡單來說，我是哲學和科學家，二弟是商家和運動員，而三弟則是大公司體系的行政員。所以，你可以猜想我們的不同。

不過，一點是肯定的。我是不可能對我弟弟動粗的。這不是我的本性，也不是我的極端。

所以，讓我來述說一個故事。

有個爸爸有兩兒。大兒子是堅，弟弟是尊。

堅性格不討喜，好強，嫉妒心強。尊卻是溫文儒雅，用功勤奮。所以，爸爸難免會獎勵尊多。街坊鄰居也對尊贊同。

久了，堅就越來越孤僻猜疑。直到一天，堅找藉口誘引尊到了偏僻的地方，把弟弟解決了。

到了晚上，爸爸著急了，問堅弟弟在哪裡。堅卻冷漠地騙爸爸說他不知道。

但鄰里的警察最後找到尊了，不過也太遲了。紙包不住火。最後在警隊的調查取證後，找到堅犯罪的證據。堅卻一點懺悔心也沒有，反而反咬全部人說為何大家都排擠他。到了那時候，堅還是以為他沒錯，覺得都是別人的錯。

當然，最後堅被法院判刑，在牢裡老死。

這故事改編創世紀４：１，也是現今社會繼續演繹的片段。

往往，賣弄強權欺壓他人的以為自己沒錯的，往往都是奄飾內心的渺小和自卑。而被欺壓的，往往也是被逼到牆角了。但，何必呢？

其實，世界很大。只要每個人少貪一點，多關照別人一點，養成一點謙卑，多一份忍耐，其實，世界是足夠大家的。

主佑大家安康。

暫時的感想

變

路，繼續走。

明天，只有老天知道。

今天，我們好好珍惜。

所以，在這幾年世界都一起經歷了許多。除了少數地區是保有健康的自由，世界大部分都各自面臨了封閉，隔離，冷漠，壓迫，蕭條，貧窮，病痛，和過世。

這路，不好走。就算多強的人，也會跌倒，甚至爬不起來的了。就算多富的人，也會失去，甚至傾家蕩產。何況貧窮老弱多病？

所以，經歷了這麼多，我覺得，人要慷慨，要仁慈，要包容，要博愛，也要多動，少吃，多勞，少惰，多學，少耗。其實，走著走著，就說不定走了一大半路了。

上蒼憐愛多勞謙卑仁慈的人。所以，失去並不代表永遠，而受傷也不一定是落後。所以，看開點，聽深點，說輕點，走穩點。然後，咦，似乎你就交多幾個深交，遇到更多貴人，也發現時間好快，日子好充實，心裡好溫暖。

最重要，記得愛自己。要愛了自己，才有正能量分給至親，也在必要時，能發揮強大的力量和達到我們冥想和祈禱的結局。老天永在，我們只需要堅信，祂是我們最堅硬的盾牌，最柔軟的棉被，最營養的主食，和最療癒的泉源。

我們，路上見。

www.ingramcontent.com/pod-product-compliance
Lightning Source LLC
LaVergne TN
LVHW051735080426
835511LV00018B/3071